INVENTAIRE
Vdhd82

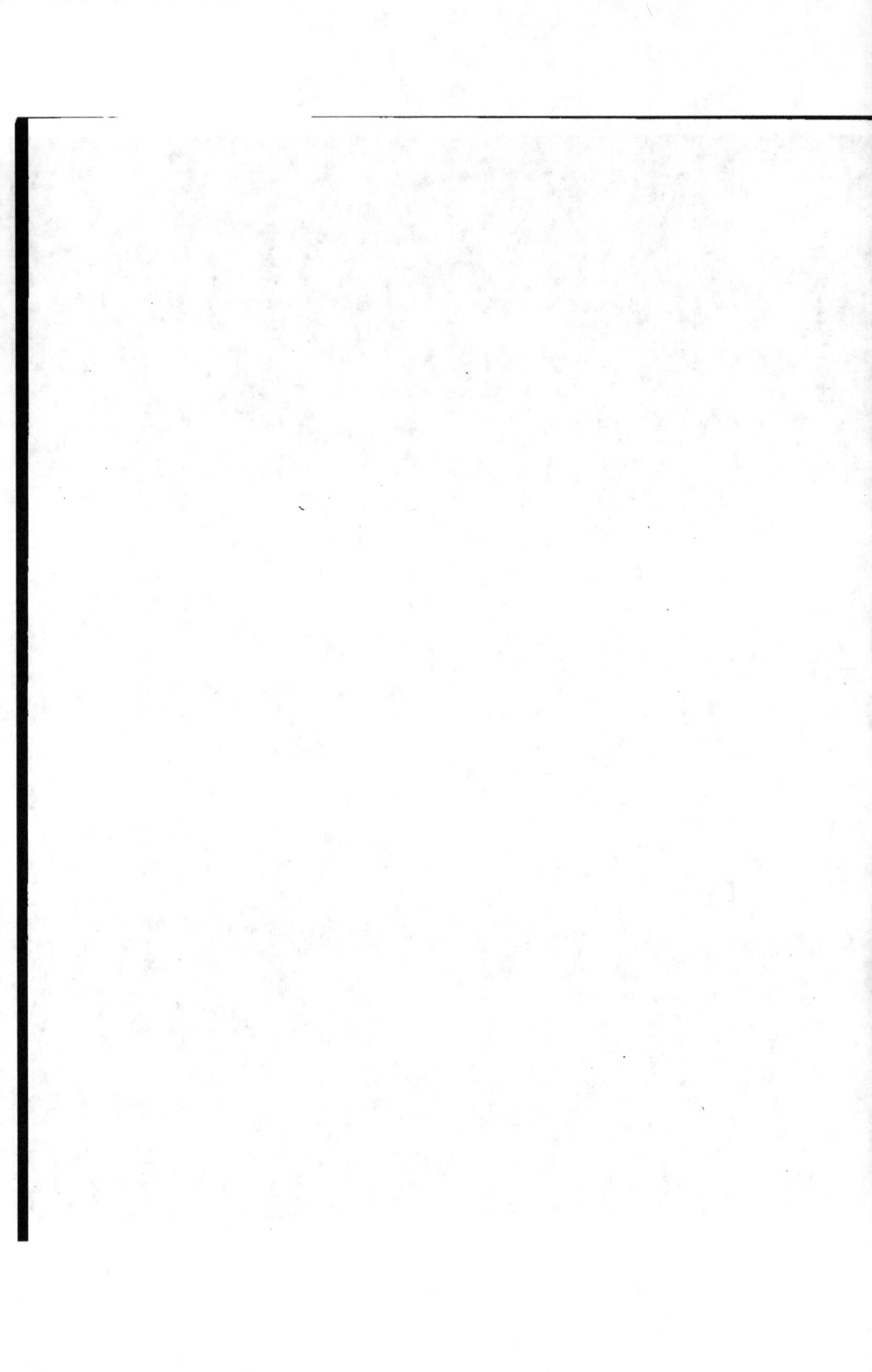

MÉMOIRE
SUR LES CHANTS LITURGIQUES

RESTAURÉS

PAR LE R. P. LAMBILLOTTE
DE LA COMPAGNIE DE JÉSUS

PUBLIÉ

PAR LE P. DUFOUR
DE LA MÊME COMPAGNIE

AVEC DES PRINCIPALES DIFFICULTÉS PROPOSÉES PAR DIVERS AUTEURS, ET PARTICULIÈREMENT PAR M. L'ABBÉ CLOET
DANS SES REMARQUES CRITIQUES SUR LE GRADUALE ROMANUM DU P. LAMBILLOTTE.

PARIS
LIBRAIRIE ADRIEN LE CLERE ET Cⁱᵉ
IMPRIMEURS DE N. S. P. LE PAPE ET DE L'ARCHEVÊCHÉ DE PARIS
RUE CASSETTE, 29, PRÈS SAINT-SULPICE

MÉMOIRE

SUR LES CHANTS LITURGIQUES

PARIS.—TYPOGRAPHIE ADRIEN LE CLERE,
Rue Cassette, 29, près Saint-Sulpice.

MEMOIRE

SUR LES CHANTS LITURGIQUES

RESTAURÉS

PAR LE R. P. LAMBILLOTTE

DE LA COMPAGNIE DE JÉSUS

ET PUBLIÉS

PAR LE P. DUFOUR

DE LA MÊME COMPAGNIE.

EXAMEN DES PRINCIPALES DIFFICULTÉS PROPOSÉES PAR DIVERS AUTEURS, ET EN PARTICULIER PAR M. L'ABBÉ CLOET, DANS LES REMARQUES CRITIQUES SUR LE GRADUALE ROMANUM DU P. LAMBILLOTTE.

Sine ira et studio.
Sans colère et sans parti pris.
(TAC. *Ann.* I, 1.)

PARIS

LIBRAIRIE ADRIEN LE CLERE ET CIE,
IMPRIMEURS DE N. S. P. LE PAPE ET DE L'ARCHEVÊCHÉ DE PARIS,
RUE CASSETTE, 29, PRÈS SAINT-SULPICE.

1857

Lorsque le P. Lambillotte commença la publication de ses travaux sur le chant de l'Église, il avait compté sur des oppositions véhémentes. Le spectacle instructif des différentes polémiques soulevées dans ces derniers temps autour de la question liturgique, les exagérations qui s'y étaient mêlées, l'inflexibilité de certaines opinions, lui faisaient naturellement prévoir que les premiers occupants ne souffriraient pas volontiers un nouveau venu sur un terrain si chèrement disputé. Il n'ignorait pas non plus que dans une publication si étendue et si compliquée que la sienne, on finirait par découvrir des fautes, et qu'avec des *et cætera* mis à propos, on en dresserait un formidable catalogue.

Il ne s'était pas trompé dans ces prévisions. Sa tombe était à peine fermée que la guerre commença. M. l'abbé Jules Bonhomme dirigea sur le terrain ennemi une première reconnaissance qui fit peu de bruit et ne nous empêcha point de mener à bon terme l'impression des quatre premiers volumes de la collection, c'est-à-dire le *Graduel* et l'*Antiphonaire*. Après quelques autres critiques beaucoup trop vives, et dont j'omets ici le détail, un travail complet, *ex professo*, vient enfin de se produire.

M. l'abbé Cloet, doyen de Beuvry (diocèse d'Arras), dont les écrits avaient été jusqu'à présent empreints de modération et de bienveillance, sort aujourd'hui de son caractère pour frapper un coup décisif. Précédé de réclames inusitées (1), son *opuscule sévère* apparaît avec cette épigraphe plus sévère encore que l'opuscule : *Corruptio optimi pessima*.

L'auteur, tout pénétré d'une doctrine qui lui est chère, en rapproche le *Graduel* publié par

---

(1) Nous avons lu cinq ou six fois, dans l'*Univers*, une réclame ainsi conçue. Hâtons-nous d'ajouter qu'elle n'appartient pas à la rédaction de ce journal.

« M. l'abbé Cloet vient d'ajouter à ses publications *nombreuses* sur la restauration du chant ecclésiastique une publication nouvelle encore plus importante que ses aînées. Ce travail, édité par la librairie archéologique de M. Victor Didron, rue Saint-Dominique, 23, a pour titre « Remarques critiques sur le *Graduale romanum* du P. Lambillotte. » M. Cloet y prouve que ce « Graduel » n'est pas celui de Rome, mais bien d'un simple particulier ; c'est tout simplement le « Graduel » du P. Lambillotte, qui a dénaturé le chant romain dans sa substance et sa forme, dans son accentuation et son rhythme, dans les pièces de l'ordinaire de la messe comme dans les hymnes et la psalmodie. En publiant cet ouvrage sévère, M. l'abbé Cloet a voulu arrêter, surtout en France, la propagation d'un grand mal, l'altération de l'ancien chant religieux du moyen âge. »

le P. Lambillotte, et ne le trouvant point conforme à son type, il le déclare *incorrigible*, destiné à périr comme *mauvais*, et le reste.

Cette sentence lui coûte à prononcer; mais l'opinion qu'il défend lui paraît comparable (j'en demande pardon au lecteur) à ces vérités saintes qui demeurent tandis que les hommes passent : *Homines transeunt*, dit-il page 6, sed VERITAS DOMINI *manet in æternum*.

Ainsi, deux ecclésiastiques, champions déclarés de l'œuvre rémo-cambraisienne, se chargent de prémunir l'Église de France contre le travail du P. Lambillotte. Il y aurait peut-être dans ces faits de quoi légitimer de notre part quelques représailles : chose facile assurément pour un homme qui, ayant eu continuellement sous les yeux durant plusieurs années les livres de la Commission et la plupart des documents employés par elle, n'a cessé de prendre des notes, pour son instruction, sur les uns et les autres, à commencer par l'*Antiphonaire*; mais n'ayant reçu de personne la mission d'éclairer l'Église; ne voyant aucun avantage à porter le trouble dans les diocèses qui suivent le chant rémo-cambraisien, par un acte d'accusation dressé contre lui : craignant de fournir des armes aux mécontents et de contrister sans motif les vénérables prélats protecteurs de cette œuvre; je veux garder, *autant que possible*, la position que les moralistes appellent *moderamen inculpatæ tutelæ*.

Les limites de ce mémoire ne m'ont pas permis d'y traiter à fond toutes les questions soulevées par M. Cloet : un gros volume suffirait à peine à redresser toutes les affirmations hasardées qui se pressent dans ses *Remarques critiques*. J'ai relevé les principales avec des développements, sinon complets, au moins suffisants pour une première fois. Il est des questions sur lesquelles j'ai cru devoir insister, parce que ce travail a pour but, non-seulement de détruire le faux, mais, s'il est possible, d'établir le vrai. Un court appendice traite de quelques difficultés isolées qui n'ont pu trouver leur place dans le cours de la dicussion.

J'avoue que le combat m'a été rendu bien pénible, à cause du caractère sacré de l'homme qui m'y contraint; mais une conviction profonde, et le désir bien légitime de venger une mémoire vénérée, m'ont soutenu dans cette lutte.

Puissé-je, suivant mon désir, n'y avoir mêlé ni colère, ni parti pris. *Sine ira et studio*.

J. DUFOUR s. j.

MÉMOIRE
SUR LES CHANTS LITURGIQUES

RESTAURÉS

PAR LE R. P. LAMBILLOTTE.

CHAPITRE PREMIER.

SUBSTANCE DES CHANTS GRÉGORIENS.

Objections relatives aux abréviations mélodiques.

Les abréviations mélodiques admises par le P. Lambillotte dans ses livres de chœur sont la matière du premier et principal grief signalé à la vindicte publique. On peut dire que ce chef d'accusation a été exploité sous toutes les formes et soumis à toutes les juridictions. Il se produit aujourd'hui avec un appareil nouveau : ce que M. l'abbé Bonhomme n'avait qu'effleuré, M. Cloet l'approfondit.

Savez-vous quelle impression produisent sur son âme les chants du P. Lambillotte comparés aux mélodies traditionnelles? « Il *lui* semble voir (p. 25), un riche vitrail du moyen âge qu'une grêle désastreuse » est venue perforer sur toute sa surface ; il *lui* semble voir une superbe cathédrale dont une main bar- » bare a brisé çà et là les statues, les clochetons, les sculptures, les lignes ; il *lui* semble voir... tous ces » êtres humains que la cruauté de Procuste jetait affreusement mutilés et presque inanimés sur les dalles de » son horrible demeure ! » « Il *lui* semblait voir (p. 101), un vénérable vieillard qu'on soufflette indigne- » ment, tandis qu'on lui prodigue les titres les plus augustes et les respects les plus profonds. »

L'homme qui provoque de si cruelles émotions, n'est pourtant pas un barbare ordinaire. « Personne, » dit plus loin M. l'abbé Cloet, p. 98, « ne s'est livré avec un zèle plus persévérant à l'étude de nos monu- » ments traditionnels; personne n'a entrepris plus de voyages, fait plus de sacrifices, consacré plus de » veilles, en vue de retrouver et de restaurer l'antique chant de l'Église. On peut même dire que le » P. Lambillotte y a dépensé sa vie : car sa mort prématurée n'a été surtout, croit-on, que le résultat de ses » fatigues incessantes..... Il a répandu sur les obscurités de notre archéologie musicale des lumières » bien vives. Personne, assurément, n'a mieux débrouillé nos manuscrits anciens, ni réalisé un progrès

» plus certain dans la science du déchiffrement des neumes ; personne en un mot n'a servi plus efficace-
» ment en théorie la cause du chant liturgique.... Ses ouvrages didactiques resteront comme un monument
» de zèle infatigable, de longues et laborieuses recherches, d'une science aussi étendue que profonde. »

Si donc cet homme dévoué jusqu'à la mort à la cause du chant liturgique, cet homme, « d'une science
» aussi étendue que profonde, » s'est décidé, après mûre réflexion, à l'abréviation de quelques mélodies,
très-remarquables d'ailleurs au point de vue archéologique ; au moins devrait-on lui faire l'honneur de
penser qu'il n'a pas pris ce parti sans avoir pour lui des raisons graves et de bonnes autorités.

Essayons d'établir ce point contre notre critique.

Et pour attaquer tout d'abord cette fièvre d'exagération, qui devient l'une des épidémies de notre
époque, nous oserons demander à nos adversaires, quelle loi, quelle convenance le P. Lambillotte a
violée par ses abréviations, pour mériter tant de reproches ?

A-t-il agi contre le bon goût ? c'est la question. Contre le vôtre, — soit. — Contre la règle immuable du
bon goût ? Votre école en possède-t-elle le *criterium* infaillible ? Vous trouvez que les mélodies Grégoriennes perdent à être abrégées. D'autres en grand nombre trouvent qu'elles n'y perdent rien ; quelques-
uns même prétendent obstinément qu'elles y gagnent. Vous avez de votre côté des hommes infiniment
respectables : nous vous répondrons que plusieurs prélats nous ont déclaré que ces abréviations leur
semblaient *très-opportunes et très-heureuses*. Le P. Lambillotte, à qui vous accordez quelque savoir en
cette matière, les a regardées comme indispensables. Êtes-vous bien fondé à nous dénoncer pour ce fait au
monde catholique comme des Vandales et de nouveaux Procustes ?

Les fidèles, dans votre paroisse, sont charmés des neumes rémo-cambraisiens. — Vous l'affirmez :
j'aime à le croire. Mais vous n'êtes pas sans connaître, jusque dans votre voisinage, des hommes très-
compétents, lesquels disent de ces mêmes neumes beaucoup plus de mal que je n'oserais jamais en profé-
rer ? On pourrait vous citer encore tel diocèse du centre, où plusieurs curés ont pris le parti violent de les
barrer ou de les gratter sur leurs livres de lutrin : et déjà, sans aller plus loin, il vous faudrait avouer
au moins que les témoignages se balancent, pour ne rien dire de plus.

Le P. Lambillotte a-t-il manqué à son titre ? — Pas le moins du monde. *Graduale romanum, quod ad
cantum attinet, ad* FORMAM GREGORIANAM *redactum*, etc. Ce titre annonce qu'on a restauré le chant suivant
la *forme grégorienne*, d'après les manuscrits antiques ; il ne déclare pas qu'on ait donné intact tout le
contenu de ces manuscrits, et si quelqu'un se méprenait au titre, la préface est là pour le détromper. —
Mais le P. Lambillotte semblait annoncer dans ses premiers écrits des dispositions différentes, et le voilà
qui revient sur ses pas. — Cela prouve tout simplement qu'il avait commencé par l'archéologie pure, et
qu'il a fini par l'archéologie appliquée à la pratique. Cela prouve encore qu'il était homme et qu'il était
modeste. Au jour où il a reconnu que ses premiers plans sur les Graduels, les Alleluia, les Traits et
quelques Offertoires, devaient être réformés, il n'a pas hésité un seul instant.

Enfin le P. Lambillotte, par ses abréviations, a-t-il agi contre l'esprit de l'Église (1) ? On peut bien l'insi-
nuer en passant, mais jamais homme sérieux n'osera le mettre en thèse : il y aurait trop de générations
catholiques, trop de prélats, trop de souverains Pontifes enveloppés dans l'anathème. D'ailleurs, M. l'abbé
Cloet, qui a feuilleté un certain nombre de manuscrits, a dû être frappé de cette vérité palpable,

---

(1) L'esprit de l'Église est que les paroles sacrées soient entendues. Elles pouvaient l'être autrefois, malgré la longueur des vocalises, lorsque des prêtres et des religieux habiles chantaient seuls le Graduel, le Trait et le ỹ. alléluiatique. Qu'arrive-t-il à nos chantres de campagne et même de ville, lorsqu'ils rencontrent 30 notes entre la première syllabe d'un mot et la seconde ? Oubliant le son de la lettre qu'ils viennent de quitter, ils passent successivement par les cinq voyelles avant d'arriver à leur but ; et l'auditeur fatigué ne sait plus comment rapprocher par l'intelligence les deux éléments nécessaires à l'expression de l'idée.

L'esprit de l'Église n'est-il pas aussi que la longueur des cérémonies saintes ne soit à charge à personne ? Faut-il étudier beaucoup les mesures prises depuis cinquante ans par le Saint-Siège, pour découvrir cet esprit, dans la suave longanimité dont il use sur ce point envers des chrétiens entraînés hors du sanctuaire par la dévorante activité de notre siècle.

que l'une des grandes différences entre la liturgie réformée par saint Pie V et celle des âges précédents consiste dans les abréviations qu'on a fait subir aux anciens rites. A en juger par ce que les manuscrits renferment de Répons, de Leçons, de Séquences, et surtout de neumes, les Offices aux jours de fête devaient avoir une longueur incroyable. On répétait jusqu'à sept fois les Litanies du Samedi-Saint, en quelques Églises, et les processions du matin, le jour de Pâques, se prolongeaient jusqu'à l'heure de la grand'messe. Il a fallu, pour mettre les choses dans l'état où elles sont aujourd'hui, sacrifier bien des textes, bien des mélodies admirables. Saint Grégoire VII, Pie IV, saint Pie V n'ont pas hésité. Après tout, pense-t-on que Giovanelli et Palestrina, commis d'une manière officielle à l'arrangement du chant, nécessité par le remaniement des textes, n'aient pas songé à s'enquérir des intentions de l'Église par rapport aux longueurs mélodiques, avant de les supprimer absolument comme ils ont fait? On abuserait étrangement le public en affirmant que des hommes attachés à la chapelle papale, mis en rapport journalier avec ce que Rome avait de plus savant et de plus saint, ont ignoré sur ce point les vues et les intentions du Saint-Siège. Aujourd'hui encore, dans plusieurs monastères des États pontificaux, où l'on a conservé les anciennes mélodies, le maître de chapelle, placé près du lutrin, indique aux chantres avec sa baguette les neumes qu'il faut omettre, et ne ménage pas des lignes entières.

Ce n'est pas assez pour répondre à ces arguments de donner à entendre que la lumière du bon goût s'est partout obscurcie depuis trois siècles. Les abréviations incriminées tiennent à une question d'opportunité dont la *fatale Renaissance* n'a pu vicier la solution.

Mais on nous objecte la question d'art.

Si M. l'abbé Cloet a cru la trancher en faisant part au public de ses impressions personnelles, sa démonstration est bien incomplète. Il oppose, à la vérité, aux abréviations du P. Lambillotte, un certain nombre de morceaux qu'il a choisis scrupuleusement et traduits de même. L'analyse de ce travail n'entre pas dans mon plan; toutefois on eût bien fait, ce semble, de mettre en regard les pièces incriminées, en employant des types exacts, et non les grosses barres de l'édition Rémo-Cambraisienne. Faire graver des caractères eût pris un peu de temps et d'argent; mais puisqu'il s'agissait de sauver la France d'un grand malheur, la chose en valait bien la peine. Les lecteurs eussent alors partagé les douloureuses émotions du critique, et notre cause était perdue.

On eût bien fait aussi, puisque j'avais signalé tout particulièrement le Graduel *Misit Dominus*, du 11e dimanche après l'Épiphanie, de le placer au moins parmi les autres en indiquant la manière de l'exécuter avec goût. Je le transcris ici de nouveau en notes égales, d'après les Chartreux : en neumes du XIe siècle, d'après un manuscrit de Murbach; en lettres, d'après le manuscrit de Montpellier : celui de Saint-Gall est déjà publié. J'ajoute le verset *Aperis*, tiré du Graduel *Oculi omnium*. Ces deux morceaux, dont nous aurons encore besoin tout à l'heure, pourront fournir à M. Cloet le thème d'une intéressante étude. Comme il se propose sans doute de faire subir à l'Antiphonaire la même analyse qu'au Graduel, tout s'achèvera du même coup pour n'y plus revenir.

Chartreux (Édition de Castres, p. 50.)

℣. Con- fi- te- an- tur Do- mi- no mi- se- ri- cor- di- æ e- jus, et mi- ra- bi- li- a

— 4 —

Manuscrit de Montpellier, fol. 92.

f f h kh kh kh kkkh kh kh kkklkh kh kkk k k k lkkkh khkghigf kk mlk f f hg hl k
Con-fi-te-an-   tur Do-mi-no   mi-se-ri- cor-di-

lkkkk lkilmlkmnmk lmliklkkhkikhgf hf hgf hfghikl kilmlki kih h khk k l kl kk kk
æ   e-   jus   et mi- ra-bi-li- a   e-

kk mli khg hkk lki k kk klkh h hklm ki kkh kkh kkh fghkk lmikh gihf.
                      jus fi- li- is ho- mi- num.

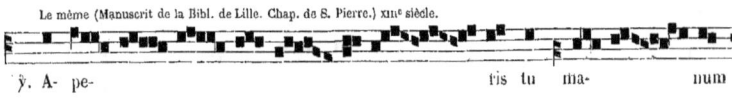

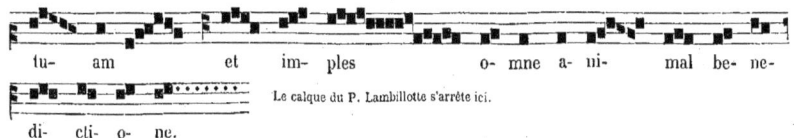

tu- am et im- ples o- mne a- ni- mal be- ne-
di- cti- o- ne.

Manuscrit de Montpellier, fol. 97.

l mliklki lmli klkk hkk khg hkk il mki lml klm lm l lnl nnml mlon nm nonml
℣. A- pe- ris tu ma- num tu-
lkl mnmk n mnl lmli klm lmlm kkk lhghg hih gh g g ghikihi hg gk ki klk li
am et im- ples o- mne a- ni- mal bo- ne- dic- ti-
kl klnnlnnnlk khg kkh kig hg khihg.
o- ne.

Prémontrés d'Everbode.

A- pe- ris tu ma-
num tu- am et im- ples
o- mne a- ni- mal be- ne- di- cti- o- ne.

Il faut se borner à ce genre de notation, pour ne point trop multiplier les gravures de neumes, et d'ailleurs ce qui précède va nous suffire pour suivre et réfuter le raisonnement de notre critique.

« Dans une œuvre quelconque, dit-il (page 24), ce qui constitue le beau, c'est avant tout ce lien mysté-
» rieux qui relie les parties entre elles et, par une heureuse harmonie, produit l'unité. Cette loi est une
» condition de beauté en musique Grégorienne comme ailleurs. »

« Qu'un chant soit syllabique ou non ; que les syllabes y soient abondamment chargées de notes et de
» modulations, ou que les passages mélodiques correspondent toujours à des mots différents, il n'en est
» pas moins dans la pensée du compositeur, un tout homogène et indivisible. Sans que le plain-chant soit
» astreint, comme la musique figurée, à la carrure des phrases et à un ordre strictement proportionné
» dans la marche des modulations, il y a un rapport *nécessaire* entre les diverses parties de ses mélodies (1) :
» les phrases s'enchaînent et se supposent ; un passage en appelle un autre ; un conséquent s'unit natu-
» rellement à son antécédent, comme la réponse à la demande ; le commencement répond au milieu et le
» milieu à la fin. De cette juste proportion qui règne entre les parties diverses, résulte un tout indécom-
» posable qu'on nomme une belle mélodie. »

« Si vous enlevez un trait, si vous ôtez une phrase, si vous accourcissez une période, le rapport cesse,
» la symétrie est rompue, le parallélisme est renversé, il n'y a plus d'unité. Au lieu d'une œuvre homogène

(1) Les logiciens seront frappés du rapport qui existe entre les deux idées précédentes.

» et complète, vous n'avez plus que des parties incohérentes et des lambeaux décousus. Il y a des débris,
» mais plus de corps; des matériaux, mais plus de monument. »

Gui d'Arezzo était moins rigoureux.

Dans sa lettre à l'Evêque Théodald, après avoir parlé des diverses proportions symétriques que peuvent exprimer les neumes, à l'exemple des nombres poétiques, il ajoute :

« Il est aussi des mélodies en quelque sorte *prosaïques* qui suivent moins exactement ces règles, et dans
» lesquelles on *s'inquiète peu* de rencontrer çà et là des incises et des phrases, ici plus longues, là plus
» courtes, comme dans la prose. Mais je parle maintenant des chants métriques, etc... (1).

Si l'observation de Gui d'Arezzo trouve quelque part une application manifeste, c'est assurément dans les Graduels, les Traits, les Alleluia et les Offertoires.

Le scolastique Aribon, presque contemporain de Gui d'Arezzo, commentant sa doctrine dans le traité *de Musica*, fait observer que son maître, parlant des proportions, a négligé les exemples. Lui se propose d'y suppléer. « *Quoniam quidem domnus Guido has præceptiones suas sine exemplis reliquit, quia eas, ut sunt, satis manifestas credidit, nos eas valde simpliciter pro nostro captu exponemus* (2). » Et quels exemples donnera-t-il ? un verset de Graduel, un Trait, un Offertoire ? Pas le moins du monde ; mais bien des Antiennes, des Hymnes, des Séquences (3). Il range parmi les chants métriques (symétriques) desquels Guido a voulu parler l'Antienne suivante.

Non vos relinquam orphanos. Alleluia.
Vado et veniam ad vos. Alleluia.
Et gaudebit cor vestrum. Alleluia.

« Une composition de ce genre, ajoute-t-il, est comparable à ces formes oratoires que l'on appelle *sem-*
» *blables* et dans lesquelles les membres se composent d'un nombre à peu près égal de syllabes. »

Les Antiennes de cette espèce sont nombreuses dans l'*Antiphonaire romain*. Tout le monde connaît ce beau type si souvent répété dans l'office de l'Ascension et dans celui de Noël.

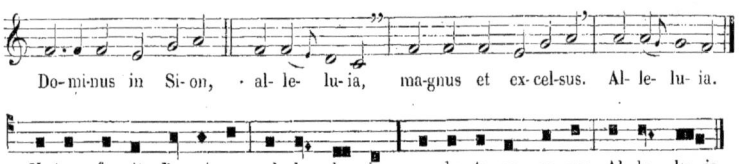

Ici la proportion est évidente, la symétrie est rigoureuse et toute abréviation impossible ; un pareil chant est assimilé avec raison aux chants *métriques* dont nous parlerons plus loin. Mais en est-il de même des Graduels, etc.?

(1) Sunt vero quasi prosaici cantus, qui hæc minus observant, in quibus non est curæ, si aliæ majores, aliæ minores partes et distinctiones per loca *sine discretione* inveniantur, more prosarum. (Guid. Aret. ap. Gerb. Script. II, 16). Nous verrons plus loin ce texte appliqué par M. Cloet à la *valeur des notes* ; mais là il ne sera plus question de rapport nécessaire. Ces paroles viendront justifier la liberté absolue du rhythme, le vague, l'indécis, l'indéterminé.

(2) Aribonis scolast. *de Musica.* — Ibid, ibid., 226 et seq.

(3) V. g. *Clarum decus jejunii*, ancienne hymne pour le carême (voy. Clichtovæus : *Elucid. Eccles.* p. 26.) *Linguam refrenans temperet*, strophe du *Jam lucis orto sidere*. — *Laudes Deo concinat orbis*, ancienne séquence de la cinquième Férie après Pâques. (Voy. Mone, Hymn. lat. medii ævi. I, 214.) — *Festum nunc celebre*, ancienne hymne de l'Ascension. (Clicht., Op. cit. p. 38).

Les autres exemples donnés sont des commencements d'Antiennes (si ce n'est peut-être *Sidera maria continens arva, A dextris Patris qui sedes*, qui me paraissent appartenir à des séquences ou tropes que je n'ai pu retrouver) *Ecce ego mitto vos*, commence une Antienne et un Répons. — Le *Nascetur vobis* (Amalaire lit *nobis*) ne se trouve dans les manuscrits qu'en Répons ; mais rien n'empêche de supposer qu'il n'y eût quelque trope commençant par ces mots.

On voit que Gerbert n'avait pas assez examiné les choses, lorsqu'il a donné ces exemples d'Aribon comme des commencements d'Antienne.

Encore une fois, n'exagérons rien. N'imitons pas l'enthousiasme factice d'un professeur d'humanités, qui croit devoir montrer à ses élèves un trait inimitable, un dessein merveilleux dans chaque mot de l'auteur qu'il explique. Nos aïeux ont assez de mérites réels, sans qu'il faille leur prêter une opulence à laquelle ils ne prétendent pas. Maintenant, je le demande à M. Cloet lui-même et à tous ceux qui voudront bien l'aider de leurs lumières. Qu'ils nous montrent dans un Graduel pris dans son ensemble le *parallélisme* rigoureux dont ils nous parlent. Qu'ils divisent par exemple le ℣. *Confiteantur*, le ℣. *Aperis* ou quelqu'un des morceaux cités plus bas, en parties correspondantes et symétriques ; qu'ils nous montrent ces rapports *nécessaires* de dessin, de nombre, de durée ou seulement l'une de ces trois choses, dans ce tout *indécomposable* et *indivisible*. Qu'ils choisissent à leur gré dans les leçons que je leur ai transcrites. Si elles ne leur suffisent pas je suis prêt à leur en faire graver de toute espèce. Mais surtout, rien de gratuit, point d'analyse poétique comme celle de l'*Hæc dies* communiquée à M. l'abbé Bonhomme. La question est grave et veut plus que des paroles. Qu'ils expliquent nettement la chose comme si nous ne savions rien. Nous avons en effet grand besoin de lumières sur ce chapitre et nous ne sommes pas les seuls (1).

Qu'ils montrent ensuite avec le même sérieux, dans les réductions faites par le P. Lambillotte, cette statue dont on a mutilé les membres, cet édifice, « dont on a prétendu ôter les pierres sans le dété-
» riorer. »

A cette belle comparaison tirée d'un ensemble géométrique et indécomposable, on en pourrait opposer une autre qui serait peut-être plus juste.

Un grand arbre ne forme-t-il pas un tout harmonieux ? On ne le défigure pourtant pas en en détachant quelques branches trop serrées. Le tout est de savoir s'y prendre et que l'opération soit faite par un habile jardinier. C'est que l'arbre forme un ensemble très-réel et très-beau, mais sans rapport *nécessaire* entre toutes ses parties. Et voilà comment on ne prouve rien pour avoir voulu prouver trop.

Ce que je demande ici me paraît sinon facile, au moins équitable. Les conclusions absolues de la brochure en question réclament cette démonstration pour se soutenir. Autrement après avoir lu cette gradation solennelle :

« Si vous enlevez une phrase, si vous accourcissez une période, le rapport cesse, la symétrie est
» rompue, le parallélisme est renversé, il n'y a plus d'unité, etc..., » l'homme de sang-froid se dira tristement : *Pure exagération que tout cela !*

Poursuivons notre analyse.

« La manière dont le P. Lambillotte a traité nos mélodies liturgiques est donc radicalement irration-
» nelle, et à aucun point de vue on ne saurait la légitimer. Prétendre qu'on ne peut ainsi *à volonté*
» toucher à une œuvre musicale donnée, y couper, l'abréger sans l'altérer, c'est dire qu'on peut mutiler
» les membres d'une belle statue, etc. » (p. 25.)

Non, Monsieur, le P. Lambillotte n'a jamais soutenu une thèse aussi absurde dans sa généralité. Il a prétendu seulement que certains chants (qui ne forment pas la quinzième partie de nos mélodies liturgiques) pouvaient, pour des raisons graves, avec des précautions et une science convenables être élagués aujourd'hui, sans que la forme Grégorienne du chant ecclésiastique fût défigurée. Ne le chargeons pas d'une théorie ridicule pour en avoir meilleur marché.

---

(1) Il faut bien préciser ma pensée. Je ne refuse pas aux Graduels et aux Versets alléluiatiques toute espèce de symétrie : j'en appelle seulement de l'exagération. Tel grand neume, par exemple, retranché par le P. Lambillotte renferme de ces traits correspondants que Gui d'Arezzo appelle si bien *similitudo dissimilis*. Ainsi, en adoptant les divisions des Chartreux on trouve certainement une symétrie de dessin et de nombre dans ce passage.

Mais il faudrait montrer que cette modulation a son rapport nécessaire ou même très-désirable *avec l'ensemble*. Encore ce fragment est-il régulier entre tous, nous en verrons, plus loin, de bien plus rebelles à l'analyse.

L'auteur en vient ensuite (p. 26 et suiv.) à discuter les motifs allégués dans la préface du *Graduel* à l'endroit des abréviations mélodiques. Il semblerait à la lecture du paragraphe VII, que le P. Lambillotte a cru devoir réduire les *Alleluia* et les Graduels aux *proportions syllabiques* des antiennes. Rien n'est moins exact : le plus léger coup d'œil jeté sur son livre, détrompera bien vite les lecteurs abusés par une critique un peu distraite. Écoutez comme elle parle :

« . . . Quand avec des cantilènes richement ornées, vous voudrez faire des chants simples et syllabiques,
» vous serez aussi illogiques que ces musiciens qui chargent de notes les mélodies de nos antiennes, sous
» prétexte qu'elles sont trop peu ornées. »

Ah ! si M. Cloet avait bien examiné, avant d'écrire cette phrase, sur quelle œuvre préférée doit tomber son anathème, et quels rapprochements nous aurons à faire entre les antiennes du manuscrit d'Arles, (Bibl. Imp. fonds lat. 1090) et celles d'une époque meilleure, il n'aurait pas déclaré le P. Lambillotte aussi illogique *que ces musiciens qui...*!

Mais revenons. — On me demande (p. 28) comment j'ai pu connaître en fait de neumes prolongés le goût et la sympathie des fidèles, puisque depuis trois cents ans, on chante partout les mélodies réformées. On ajoute dix lignes plus bas, que les Graduels Rémo-Cambraisiens *édités depuis* 1851 sont exécutés en bon nombre de diocèses. — La réponse n'est pas loin de la question.

En outre, pense-t-on que le P. Lambillotte explorant l'Europe catholique, n'y ait pas rencontré quelques lumières sur ce point, comme sur les autres ? croit-on que dans ses longues conférences avec les ecclésiastiques et les religieux amateurs des chants liturgiques, il n'ait pas songé à s'enquérir de leur pensée sur l'opportunité d'une reproduction intégrale des vocalises Grégoriennes ? C'est donc en vain qu'il a pris tant de peine pour élargir son horizon, si la pure lumière du bon goût brille exclusivement sur quelques paroisses de France !

Arrivé au quatrième chapitre de son opuscule, M. l'abbé Cloet sent renouveler toutes ses douleurs ; il s'écrie avec le tragique :

Comment en un plomb vil l'or pur fut-il changé ?

Les abréviations en sont la cause.

Se peut-il donc que le P. Lambillotte, cet homme, *d'une science aussi étendue que profonde*, instruit par les tentatives malheureuses des abréviateurs modernes ait osé suivre leur exemple ?

J'ai déjà indiqué plusieurs solutions à ce problème (1) il faut en ajouter quelques autres.

Ce que le P. Lambillotte recherchait par-dessus tout, ce qu'il avait l'ambition de ramener dans nos Églises, ce n'est pas tant la totalité absolue des notes chantées autrefois sur tel ou tel verset de Graduel, que la *forme antique du chant Grégorien, son ancien mode d'exécution*, autant que les ressources actuelles de nos églises le peuvent comporter. Il avait d'ailleurs quelques raisons de mettre une différence profonde, entre un pareil travail opéré à la hâte par des hommes médiocrement versés dans l'archéologie musicale, et l'œuvre qu'il accomplissait lentement, après de longues et patientes études, l'œil toujours fixé sur les documents et les théoriciens qu'il avait pris pour guides ; après s'être fait en liturgie *homme du moyen âge*, comme d'autres parmi ses frères, le sont devenus en architecture (2).

Il avait, je le répète, quelques motifs plausibles d'espérer le succès.

(1) On en laisse deviner une qui consisterait à mettre sur le compte de l'éditeur les coupures incriminées.
Je déclare que je n'ai pas augmenté d'une seule note, les suppressions indiquées par l'auteur dans son manuscrit, et que j'ai, au contraire, laissé subsister un certain nombre de traits qu'il avait marqués lui-même comme pouvant être effacés sans préjudice pour la mélodie.
(2) J'ai annoncé ailleurs que le P. Lambillotte avait laissée manuscrite, une histoire très-complète et très-curieuse du chant liturgique depuis son origine jusqu'à nos jours. Cette histoire, si elle est publiée, ne formera pas moins de trois forts volumes in-8°.

M. Cloet lui-même n'eût point contesté la légitimité de ces espérances, lui qui, dans son bienveillant et pacifique ouvrage sur la *Restauration du chant liturgique*, disait en 1852 (1) :

« Quel sera l'OEdipe qui interprétera ces énigmes ? Qui traduira tous ces documents neumés, jusque-là si
» obscurs ? Quel sera l'Élisée qui rassemblera ces ossements que la main des siècles a jetés aux quatre vents,
» et soufflera sur eux pour leur rendre enfin la vie ? Il faut un homme : qui sera cet homme ?
» J'aime à le croire, plusieurs ecclésiastiques, plusieurs érudits pourraient être cet homme, arriver à
» comprendre les principaux documents neumés, les traduire, les faire éditer en notation moderne, en
» extraire les mélodies composées ou régularisées par saint Grégoire, mettre ces mélodies, par l'impri-
» merie, entre les mains de quiconque voudra les connaître. Mais qu'un respectable religieux dont nous
» avons déjà cité le nom, nous permette d'exprimer ici une pensée : Lui surtout, par ses études antérieures,
» par les découvertes précieuses qu'il a déjà faites, par l'intelligence qu'il a acquise de l'écriture neuma-
» tique, par les relations faciles que, par ses frères en religion, il peut établir entre les divers points de
» l'univers, par les ressources de tout genre que lui offre l'illustre Compagnie dont il est membre : Oui,
» lui surtout est capable de rendre à l'art chrétien cet éminent service (p. 96). »

Je me permettrai ici une simple question.

Quand M. l'abbé Cloet nous affirme aujourd'hui, après un examen nécessairement très-rapide, que les coupures du P. Lambillotte ont été faites sans goût, sans intelligence, contrairement aux bonnes règles ; je le demande : pour qui est la présomption ?

Le P. Lambillotte n'a jamais prétendu s'imposer à personne. On peut même dire qu'il a grandement négligé l'un des moyens de réussite aujourd'hui le plus à la mode, lequel consiste à se faire des amis parmi les hommes de plume avec cette monnaie de billon qu'on appelle les compliments et la réclame. S'il avait mieux connu l'art d'apostiller ses écrits de ces formules banales : *Lisez à ce sujet le piquant et judicieux écrit de M. X..., le beau travail de notre savant ami M. X. L'érudition qui rehausse chaque production de la plume de M. X... M. X. a jeté un jour merveilleux sur cette question. L'illustre, le docte, le consciencieux M. X., dont s'enorgueillit la science musicale.....* si, dis-je, il eût fait cela, il en est qui ne le traiteraient pas si mal aujourd'hui, et faut-il le dire ? il aurait plus d'amis dans les rangs des artistes. Il regardait ailleurs, le bon religieux, et n'attendait rien de la terre. Aussi quand M. l'abbé Bonhomme eut ouvert la campagne contre le chant Grégorien restauré, un homme que ni le P. Lambillotte ni moi n'avions eu l'honneur de connaître, prit de son propre mouvement la résolution de réfuter la terrible *Réponse*. Il fut encouragé dans son dessein par un prélat que le ton exagéré de cet opuscule avait profondément blessé, mais dont aucun de nous n'avait sollicité la protection généreuse.

Le P. Lambillotte ambitionnait un autre appui. Son premier plan était de porter son travail aux pieds du souverain Pontife ; de lui avouer sans détour ses témérités ; de lui dire les retranchements opérés dans une certaine catégorie de morceaux, les signes d'ornement négligés, et pour quelle cause ; puis, d'attendre patiemment la décision du juge suprême. Beaucoup de personnes se permettent de douter que Pie IX et la sacrée Congrégation des Rites eussent redemandé avec le même enthousiasme que M. l'abbé Cloet, les vocalises symétriques, les *trilles*, les *vibrato*, etc., etc., même dans les versets alléluiatiques.

Plusieurs raisons l'arrêtèrent dans ce projet. On lui dit que le souverain Pontife paraissait résolu pour le moment, à ne revêtir de son approbation formelle aucune édition de chant liturgique, non-seulement à

---

(1) Nous ne prendrons pas le malin plaisir de repasser aujourd'hui cet ancien travail de M. Cloet, pour montrer combien ses idées ont marché depuis six ans. Cette tactique nous paraît mauvaise. En cette vie où la lumière nous arrive si lentement et au prix de tant d'efforts, il faudrait plaindre celui qui se vanterait d'une immutabilité absolue, sur des questions libres, abandonnées par Dieu aux investigations et aux disputes humaines. Nous laissons donc aux personnes qui voudront bien relire l'ouvrage de 1852, le soin de juger s'il vaut mieux, pour le fonds et pour la forme, que l'opuscule du mois dernier.

cause des intérêts matériels qu'il eût fallu sacrifier, mais encore de peur d'exercer sur les diocèses une pression peut-être inopportune.

Cependant, les Églises de France se pourvoyaient à l'envi de tous les livres qui existaient alors. Une spéculation ardente assiégeait les Prélats qui reprenaient la liturgie Romaine. D'un autre côté, le P. Lambillotte recevait chaque jour des lettres pressantes, où l'on s'enquérait de son travail. Ses amis lui représentaient qu'à force d'attendre, il rendait tant de labeurs inutiles. Il dut céder enfin, et remettant à plus tard son voyage de Rome, il porta chez l'éditeur son *Graduel* et son *Antiphonaire*. L'un et l'autre s'y trouvaient déjà quand il mourut.

Il résulte de tout cela que le P. Lambillotte comptait, pour la régularisation définitive de ce qu'il avait opéré de son chef, sur l'homologation paternelle du chef de l'Église. Ce qui est différé peut n'être pas perdu sans retour, et l'accusation d'individualisme si prématurément alléguée pourrait bien une fois de plus retomber sur ses auteurs.

Voici une dernière considération sur laquelle j'ose appeler toute l'attention des hommes sérieux. Je n'en ai pas rassemblé les éléments sans quelque fatigue ; mais comme le travail n'était pas encore fait, j'ai cru rendre service à la science liturgique en m'y astreignant. Et puis, nous avons tous grand besoin de quitter le vague poétique pour entrer un peu dans le réel.

Si l'on compare attentivement les monuments manuscrits et imprimés de l'ancienne liturgie, jusqu'aux livres de S. Pie V (1), avec le Graduel portatif, dans les proportions que lui ont données les éditeurs Rémo-Cambraisiens et le P. Lambillotte, sans tenir compte des répétitions (2), on obtiendra le tableau suivant, dont les chiffres ont été vérifiés deux fois, et dont les erreurs, s'il en renferme, ne peuvent être que très-légères.

MORCEAUX LITURGIQUES. (Textes.)	ANCIENS.	MODERNES.	TOTAL.
INTROÏTS.	113	29	142
GRADUELS.	69	48	117
ALLELUIA ET ỳ.	55	90	145
TRAITS.	21	22	43
OFFERTOIRES.	81	33	114
COMMUNIONS.	110	43	153
TOTAL.	449	265	714

Dans l'*Antiphonaire*, la proportion des Antiennes récentes aux Antiennes modernes est de 332 à 602 (3). Ajoutons à ce tableau deux observations importantes.

1° Nous nous sommes montrés fort larges, en comptant parmi les morceaux de facture antique tout ce qui a précédé la liturgie de S. Pie V.

2° Parmi les morceaux anciens, un sixième environ a subi des modifications de texte plus ou moins

---

(1) Les différentes éditions du *Responsorial*, de l'*Antiphonaire*, du *Graduel* Grégoriens, données par Pamelius, Thomasi, les Bénédictins, etc. Les manuscrits de Saint-Gall, de Montpellier, de Salisbury, de Saint-Martial de Limoges.

(2) Le calcul du nombre total a été fait sur le Graduel imprimé du P. Lambillotte.

(3) L'*Antiphonaire* du P. Lambillotte qui a fourni ces chiffres, contient environ deux cents Antiennes de plus que l'*Antiphonaire* de la commission de Reims.

— 11 —

importantes, mais non sans quelque influence sur le chant. Sur vingt et un Traits, par exemple, le point de séparation des versets a été changé en sept endroits. Plusieurs graduels ont subi des augmentations ou diminutions de texte assez notables.

Ceci posé, la conservation des longs neumes va nous offrir une difficulté bien grave d'après les principes même de M. Cloet et de l'école qu'il représente.

Si l'on adopte pour les parties plus modernes de l'office, le système d'application aux types anciens, il faudra bien, pour obtenir quelque unité, introduire dans les pièces nouvelles « la variété des ornements, » la richesse des modulations, le *charme des vocalises :* » D'autre part, s'il existe « un rapport *nécessaire* » entre les diverses parties des chants *prosaïques* que l'antiquité nous a transmis ; si « les phrases s'enchaî- » nent et se supposent de manière à former un tout *indécomposable,* un tout homogène et *indivisible,* » qui osera se flatter de ressaisir, dans l'application de cet ensemble à un texte nouveau, la symétrie parfaite, la proportion sublime, *le lien mystérieux* dont le secret, je l'avoue, est perdu pour moi et ne m'est donné encore ni par M. Bonhomme, ni par M. Cloet ? On court grand risque, ce me semble, d'avoir « des débris, » mais plus de corps ; des matériaux, mais plus de monument » ou bien, à moins d'un bonheur insigne, la statue est grandement menacée d'avoir un bras de moins, une jambe de plus, ou de ressembler au monstre de l'Art poétique :

undique collatis membris....

Soient, par exemple, les belles vocalises qui produisent un si religieux effet sur la seconde syllabe du mot *aperis* (ci-dessus, p. 5) sur la quatrième du mot *confiteantur* (p. 4), sur la première du mot *ejus (ibid.)* : retrouveront-elles aisément leur place dans un texte différent ? Comment changer des « rapports néces- » saires, » amener à de nouvelles proportions « un tout indivisible » et indécomposable ?

Soit encore le ℣. *Suscipiant montes* dans les Chartreux (Ed. de Castres, p. 42),

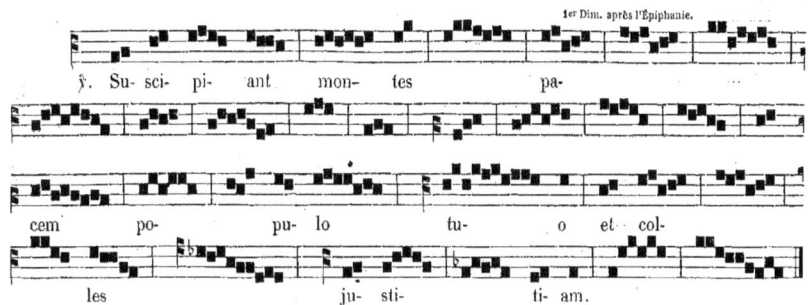

Ou les passages suivants, puisés à la même source, pour ne rien anticiper sur la question du rhythme. (Id., p. 124. Graduel *In convertendo,* 3e dim. de carême.)

Il n'y a pas à balancer : il faudra trouver moyen d'enchâsser tout cela dans les nouvelles pièces liturgiques, renouer *le lien mystérieux*, et pouvoir ensuite montrer le nouveau rapport, la nouvelle symétrie, à moins peut-être que les récentes paroles et les anciennes ne soient comme des nombres premiers entre eux.

Et pourtant, on devra construire de la sorte, sans déranger ces matériaux inséparables, vingt-neuf Introïts, quarante-huit Graduels, quatre-vingt-dix Versets alléluiatiques, vingt-deux Traits, trente-trois Offertoires, quarante-trois Communions, en tout, deux cent soixante-cinq morceaux, ou mieux, en mettant hors de cause les Introïts et les Communions, une somme de CENT QUATRE-VINGT-TREIZE morceaux sur quatre cent dix-neuf ; environ la moitié des mélodies à vocalises.

— 13 —

Je ne m'étonne plus que le P. Lambillotte ait reculé devant cet énorme fardeau que d'autres ont si légèrement porté. Il est vrai que toute leur peine était pour le Graduel, car l'Antiphonaire ne devait pas leur coûter beaucoup.

Au contraire la mélodie réduite à des proportions moins vastes se prête aisément à des textes nouveaux. Entre les mains d'un homme bien pénétré par l'étude des vrais principes du chant sacré, (On veut bien accorder ce point au P. Lambillotte,) elle se resserre ou s'étend sans se déformer, suivant les exigences des paroles sacrées : on n'en est plus réduit à je ne sais quels tours de force pour amener sans contrainte sur une syllabe significative et sonore de ces grands traits, dont la piété et le goût acceptent si volontiers l'absence.

A l'aide d'un registre bien précieux où toutes les pièces anciennes sont rangées par espèces et par modes, le P. Lambillotte cherchait, après avoir mûrement médité son texte, la mélodie que le sens et l'analogie lui indiquaient, et j'ose dire, après une longue étude des nouveaux offices préparés de sa main, qu'il a souvent rencontré avec un rare bonheur. Parfois il accueillait, quand elles lui paraissaient excellentes, les inspirations plus modernes que lui fournissaient les bonnes éditions (1), préférant la simplicité de cette marche, aux risques périlleux de celle qu'on nous prône aujourd'hui.

Pourquoi donc n'a-t-il pas édité son Graduel monumental ? — On en conçoit maintenant la raison. Ce Graduel ne pouvait contenir que la moitié des chants liturgiques, et il ne convenait pas de donner comme pièces d'archéologie le reste des morceaux nécessairement retouchés de ses mains. Il avait donc raison de s'en tenir à l'application intelligente de la forme Grégorienne, comme nous le verrons plus loin.

Encore un dernier mot. Si les neumes prolongés que savouraient nos Pères, forment le charme et la vie de certaines pièces liturgiques au point qu'on les mutile, qu'on les déshonore, etc., en leur refusant, il semble qu'on aurait dû, par exemple, dans les livres de Reims et de Cambrai et dans les propres diocésains qui s'y adaptent, s'attacher à les introduire avec une sorte de prédilection dans les nouveaux textes, ne fût-ce que pour sauver le principe. On ne l'a pas fait cependant, du moins avec l'abondance que l'analogie réclamait. Ouvrez le *Graduel* de Reims, 2ᵉ édition : à partir de la page 534, vous trouverez parmi les Messes votives et les suivantes un certain nombre de morceaux récents intercalés parmi les anciens : entre autres, les Traits : *Te Deum Patrem ingenitum* ; *Emitte Spiritum tuum* ; *Adoramus te, Christe* ; le Graduel, *Improperium expectavit, etc.*, le ℣ alléluiatique *Ave Rex noster*. Dans quelle indigence on les a tous laissés ! Quoi ! sur aucune de ces éloquentes paroles on n'a trouvé place pour les belles vocalises qui font le charme des types anciens ? C'est en vain que je cherche dans tous ces Traits un verset à comparer pour la richesse mélodique à ceux-ci par exemple, pris à la page 109 du même livre.

℣. Sa- na con- tri- ti- o- nes e- jus, qui a mo- ta est. ℣. Ut fu-

(1) Notamment un graduel de Narbonne qui n'appartient pas encore à la réforme de S. Pie V, mais où se trouvent d'excellentes choses. Il est de 1621. En voici le titre. *Graduale Narbonense juxta antiquissimum Missale Ecclesiæ sanctæ et Metropolitanæ, ad usum totius provinciæ primæ sedis Narbonensis.* — *Narbonæ, ex officina Raymundi Colomerii*, (in-f°.) — Nous ne connaissons rien parmi les imprimés, qui soit préférable à ce livre antique ; les abréviations plus rigoureuses encore que celles du P. Lambillotte, montrent que ce n'est pas d'aujourd'hui qu'on en a senti le besoin.

gi- ant   a fa- ci- e ar- cus :

ut li- be- ren- tur e- le- cti

tu- i.

 Est-ce donc que dans les paroles *Adoramus te Christe, Tuam crucem adoramus, O crux benedicta, etc.*, il n'y avait pas quelque syllabe aussi capable que *sana, ejus, est, tui*, de porter le fardeau traditionnel? *Tuam crucem adoramus* n'offrait-il pas matière aux élans mélodiques? La première syllabe du mot *tuam* s'y fût prêtée à merveille, et la dernière voyelle de *benedicta* n'en eût pas été plus embarrassée que la nasale de *fugiant*, ou la dernière lettre de *tui*.

 De grâce, quittons une bonne fois cet enthousiasme factice qu'on est bien libre d'avoir pour soi, mais qu'il est par trop fort de vouloir imposer à autrui sous peine d'anathème. Les Prélats à qui l'on adresse pour la seconde fois en public ces réclamations passionnées, ont trop de sagesse pour les accueillir. Laissons à d'autres ces comparaisons étranges : et Procuste trois fois nommé, et le centaure Nessus qui va paraître tout à l'heure, et ces expressions malheureuses, de *journaux salariés*, appliquées à l'un des organes les plus anciens et les plus respectables du catholicisme en France. Ces armes-là blessent ceux qui les emploient, et la « douleur de l'artiste » n'en peut légitimer l'usage. Fallait-il prendre de si grands airs d'indignation, pour dire tout simplement : « Les abréviations mélodiques jugées nécessaires par le P. Lambillotte dans une série de morceaux qui forment environ la quinzième partie de nos chants liturgiques, me paraissent à moi très-regrettables? J'aime ces longs neumes qu'il a supprimés : ceux des *Alleluia* ne me suffisent pas. Il est vrai que la pratique de trois siècles au moins semble donner quelque raison au P. Lambillotte sur ce point ; mais comme l'Église n'a rien prononcé d'obligatoire, je suis bien libre de reporter toutes mes sympathies vers un temps qui n'est plus. »

 Renfermée en ces termes, la thèse restait dans le vrai, et la brochure de M. Cloet était réduite de moitié. La suite va nous montrer de combien il eût fallu la réduire encore pour n'y rien laisser que d'exact.

CHAPITRE II.

FORME GRÉGORIENNE.

L'acte d'accusation dressé contre le *Graduel* du P. Lambillotte comprend deux grands chefs. Le premier était grave, du moins le paraissait; le second paraît plus grave encore, en ce qu'il incrimine notre œuvre dans ce qu'elle a de plus spécial. Aussi, loin de nous plaindre, nous acceptons de grand cœur l'occasion que l'on nous offre de rassembler ici et d'exposer nettement les principes suivis dans la publication attaquée, et d'en former une démonstration. Nous regrettons que l'activité de nos adversaires ne nous permette pas encore de présenter cette démonstration avec toute la force qu'un plus long travail lui eût donnée, et d'y joindre de plus nombreux exemples. Au moins, rien d'essentiel ne sera négligé, en attendant des publications plus complètes.

Avant tout, il ne faut pas dérober au lecteur une comparaison *sévère*, comme l'opuscule dont elle fait partie : elle caractérise, suivant M. Cloet, l'action funeste du P. Lambillotte sur la forme des mélodies Grégoriennes.

« Frappé mortellement et se sentant mourir, le centaure Nessus donna sa tunique à Déjanire, l'assurant
» que ce vêtement, appliqué sur Hercule, son époux, aurait la vertu d'arrêter ses diversions et de fixer ses
» inconstances. Mais le centaure avait trompé Déjanire : la robe était imprégnée de poison. Déjanire en
» eut à peine revêtu Hercule, qu'elle le vit tomber sans vie, et de ce colosse si majestueux, il ne resta
» bientôt plus à ses pieds qu'un cadavre roide et à peine reconnaissable (*Rem. crit.*, p. 34). »

L'*Appendix de Diis* raconte la chose un peu différemment; mais passons.

« Entre le P. Lambillotte et notre vieux chant liturgique il s'est consommé quelque chose d'analogue.
» Rejetant en matière de quantité, d'accentuation, de rhythme et d'ornements, toutes les règles transmises
» par l'antiquité, le musicien jésuite les a remplacées par des théories conçues *à priori*. Dépouillant nos
» mélodies saintes de leur mise traditionnelle et de leur rhythme séculaire, il les a revêtues d'un manteau
» de sa façon ; il a prétendu les faire marcher à la moderne, et même, qu'on nous pardonne le mot, leur
» faire marquer le pas ! Eh bien, cette mise d'emprunt est pour nos antiques cantilènes une autre tunique
» de Nessus, qui les dénature et les ruine. »

En examinant de près cette comparaison, on trouvera que Déjanire c'est l'Église, que l'infidèle dont elle veut arrêter *les diversions*, c'est le chant liturgique qui s'abandonne en divers lieux aux caprices des réformateurs, que ce pauvre P. Lambillotte est le centaure Nessus. Je ne trouve plus d'autre rôle pour moi, que celui de l'infortuné Philoctète contraint de mettre le feu au bûcher de son ami.

M. Cloet affirme que ceci est *grave*. Personne ne dira le contraire. Les classiques païens nous ont tous bien gâtés.

Reprenons donc, dans l'ordre qu'il vient de nous tracer lui-même, les questions de *quantité* et d'*accentuation*, de *rhythme*, de *mesure*, et d'*ornements* : nous pourrons rattacher à ces divers chefs les solutions qu'on nous demande. Si la méthode qui divise exactement toutes les matières, paraît quelquefois négligée dans ce qui va suivre, nous prierons le lecteur de ne pas oublier que nous réfutons un opuscule où toutes les questions s'enchevêtrent les unes dans les autres. On le conçoit : quiconque travaille à démolir l'œuvre d'autrui frappe partout sans regarder : au sommet, au milieu, à la base.

Enfin, si nos développements paraissent surabondants à quelques personnes, nous leur ferons observer que nous n'écrivons pas seulement contre M. Cloet, mais aussi dans le but d'établir aux yeux de tous, suivant nos forces, les vrais principes du chant Grégorien.

ARTICLE PREMIER.

QUANTITÉ. — RHYTHME. — ACCENTUATION.

Nous sommes amenés par cet ordre de matières au viie chapitre des *Remarques* (p. 57), où le critique traite en bloc de l'accentuation et de la quantité, sans aucune distinction entre les diverses espèces de chants liturgiques. Nous aurons donc plus tard à revenir sur nos pas.

L'auteur nous donne avant tout une courte leçon de prosodie et d'accent, dont franchement nous sommes un peu humilié pour lui et beaucoup pour nous-même; nous qui pensions savoir depuis quelque temps déjà, ce que M. Cloet veut nous apprendre.

Et nos ergo manum ferulæ subduximus...

On va voir que la doctrine du maître pèche par beaucoup d'endroits; mais l'application qu'il en fait au travail du P. Lambillotte est, disons-le, d'une partialité, que la précipitation ne justifie pas.

D'abord, après avoir fait observer qu'au moyen âge, « en dehors de ce qui se chantait à la façon des
» teneurs de la psalmodie, on n'observa guère l'accentuation ou la quantité (*sic*) dans la musique de
» l'Église, » il ajoute :

« La pratique rigoureuse de la quantité aurait mis à la marche des mélodies des entraves nuisibles. »
Je le crois bien : la pratique rigoureuse de la *quantité*, mais non celle de l'*accentuation* : deux choses bien différentes.

« ... Au besoin, la musique effaçait la grammaire en modifiant la durée des syllabes... et ainsi prévalait
» cet axiome que cite l'*Instituta Patrum* (1) : *Musica non subjacet regulis Donati, sicut nec divina Scriptura* :
» AXIOME QUI NE FAISAIT D'AILLEURS QUE CONSACRER LES PRINCIPES DES MUSICIENS GRECS OU LATINS D'UN AGE
» ANTÉRIEUR. »

Il est difficile de rassembler en moins de mots plus de notions disparates et d'assertions hasardées.

---

(1) Notons en passant que l'auteur anonyme de l'*Instituta Patrum*, tire cet axiome de Priscien. J'engage les amateurs à l'y chercher ; pour moi, j'ai vainement parcouru, dans ce but, les œuvres complètes de ce grammairien : *Prisciani Cæsariensis grammatici opera...* (Edition de Krehl), 2 vol. in-8º, Leipsig, 1819. — et même l'*édition princeps* publiée à Vienne en 1828 des *Prisciani carmina*. Je ne vois pas où l'on pourrait chercher encore : car les trois autres Priscien dont on connaît l'existence, ne sont pas, évidemment, les auteurs de ce dicton. Il ne part, certainement, ni de Théodore Priscien, médecin, sous Théodose, et auteur d'un traité sur la diète, ni de Priscien de Lydie, poëte grec du vi^e siècle; encore moins d'un Priscianus Peregrinus, auteur du xve siècle.

— 17 —

On n'observait pas l'*accentuation* ou la *quantité* en dehors de la psalmodie. (Nous en avons un bel exemple dans le Graduel *Oculi omnium*, p. 4).

Cela se faisait en vertu de l'axiome *Musica non subjacet*, etc. Lequel axiome ne faisait que consacrer les principes des musiciens grecs ou latins d'un âge antérieur.

On croirait, à lire ces étranges propositions, que les innombrables passages tels que l'*Oculi omnium* et le ℣. *Apĕris* étaient en conformité avec la doctrine de théoriciens grecs et latins : ce qui est une erreur palpable. Mais il est évident que c'est à de semblables traits, dont fourmillent les anciens chants prosaïques, que M. Cloet applique l'axiome en question : car s'il l'avait entendu dans le sens parfaitement légitime des rhythmiciens grecs et latins d'un âge antérieur, il n'aurait pas ajouté immédiatement :

« Mais sous l'empire *de ces licences que nous constatons sans prétendre les légitimer et surtout les ériger en principes...* ; » puisque les rhythmiciens grecs n'ont consacré aucune *licence* que M. Cloet et nous, avec tous les traités de plain-chant, ne légitimions et n'érigions en principe comme la simple et pure doctrine de l'accentuation. On se rappelle involontairement ici le vieil adage : *Græcum est, non legitur*.

Me voilà donc obligé, pour être bien compris, de préciser ici les notions de *mètre*, de *rhythme* et d'*accentuation* (1). Le lecteur et moi avons besoin de tout ce qui va suivre pour la solution de plusieurs difficultés subséquentes. Nous atteignons même dans cette exposition quelques points de la théorie des Hymnes. Patience : tout ce qui va suivre trouvera son application. Que l'on veuille bien se souvenir que nous sommes accusé d'avoir *violemment foulé aux pieds toutes les lois du langage* (p. 63).

La *prosodie* est la règle qui détermine, d'après la tradition et l'usage (2), la longueur et la brièveté des syllabes. *Prosodia est ratio dimetiendi syllabarum quantitatem*. (*Prosod. Bonon. Pars. I.*) (3).

Le *pied* est formé d'un nombre déterminé de temps et de syllabes. Chaque pied comprend un *frappé* et un *levé*, autrement dit un temps *fort* et un temps faible. « *Pes est syllabarum et temporum certa dinumeratio. Accidunt unicuique pedi arsis et thesis* ». (Donat. *Ars. Gram.* Édit. de Lindemmann, t. I, p. 6.)(4).

Dans le langage comme dans le chant, la succession de ces temps forts et de ces temps faibles (de la *thesis* et de l'*arsis*), suivant certaines proportions de temps, constitue *le rhythme* proprement dit, dont nous verrons plus loin les différentes espèces (5). Un nombre déterminé de pieds rhythmiques, séparés par des *temps vides* ou silences, forment des *membres rhythmiques* que les Grecs appelaient κῶλα ; comme un nombre déterminé de

---

(1) M. l'abbé Cloet m'oblige à revenir ici sur des choses qu'il aurait dû trouver suffisamment expliquées dans la *Méthode* publiée à part, il y a deux ou trois mois, chez M. Ad. Le Clere. Il use en cet endroit, comme en beaucoup d'autres, d'une puissance d'abstraction qui me paraît difficilement conciliable avec la bienveillance que j'avais toujours rencontrée dans ses ouvrages. La polémique est bien mauvaise conseillère.

(2) *D'après la tradition et l'usage*. Il en est de la prosodie et de la métrique comme de la grammaire dont elles font partie. « Scias velim, dit » saint Augustin (*De Mus.* II, 1), totam illam scientiam quæ grammatica Græce, latine autem litteratura nominatur, historiæ custodiam proti- » teri, vel solam, ut subtilior docet ratio, vel maxime ut etiam pinguia corda concedunt. »

(3) La Prosodie que je cite ajoute après Cicéron et les anciens grammairiens :

« Syllabarum enim, alia brevis est, seu unius temporis, quæ propterea *corripi* dicitur; alia longa seu duorum temporum quæ *produci* dicitur; » alia anceps seu communis. » (Cf Romig. Altiss. Gerb. *Script.* I, p. 82.)

On voit que l'unité de temps adoptée par les grammairiens est la brève. C'est une unité de convention, on dirait aussi bien, sans changer les rapports, que la brève égale un demi-temps et la longue un temps, de même qu'en plain-chant on écrirait indifféremment :

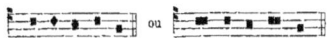

« Potest et alia ratione intelligi, dit Remi d'Auxerre, ut duo tempora unius longæ syllabæ, pro uno tempore accipias. »

Tout dépendrait du mouvement adopté dans l'exécution. Mais les grammairiens qui, dans un pied de deux brèves comme le Pyrrhique ou l'Hégémon (⏑ ⏑), devaient trouver un levé et un frappé, se sont vus obligés de prendre la brève pour unité. (Cf. Marius Victorinus, lib. I, ch. IX, dans Gaisford. *Script. lat. rei metricæ*. Oxonii. 1837. p. 51).

(4) Donat le grammairien s'accorde parfaitement ici avec les musiciens grecs. Γνώριμος δέ γίνεται πούς ἐξ ἄρσεως καὶ θέσεως συγκείμενον σύστημα. (Fragment sur la musique cité par M. Vincent (Notice sur les manuscrits p. 244. (Cf. Arist. Quintil. *De musica*.— Ed. de Meibom. p. 84.)

(5) Ῥυθμὸς τοίνυν ἐστὶ σύστημα ἐκ χρόνων κατά τινα τάξιν συγκειμένων· καὶ τὰ τούτων πάθη καλοῦμεν ἄρσιν καὶ θέσιν. (Arist. Quintil. Edit. Meibom. p. 31). Le mot πάθη rend admirablement le sentiment de la vie que le rhythme prête au chant et à la parole.— Toutes les définitions du rhythme supposent une mesure de temps déterminée. « Qu'est-ce qu'un rhythme, dit Bacchius l'ancien, dans *Introduction à l'art musical?* » (Meib. 18).— Une division déterminée du temps, dans un mouvement quelconque. Ῥυθμὸς δὲ τί ἐστι ; — χρόνου καταμέτρησις μετὰ κινήσεως γινομένη ποιᾶς τινος. Et les musiciens grecs évaluent, par des chiffres, ce qu'ils appellent les rapports rhythmiques ; λογοι ῥυθμικοί.

— 18 —

pieds rangés, suivant certaines lois prosodiques, forme des mètres, μέτρα. Si, en outre, les repos sont symétriquement distribués, de manière à former des membres égaux chacun à chacun, et dont les *arsis* et les *thesis* se correspondent exactement, on obtient non-seulement un rhythme quelconque, mais le rhythme *musical* de ces chants que Gui d'Arezzo appelle *métriques* (symétriques), « metricos autem cantus dico, » par une extension de ce mot particulière aux auteurs du moyen âge (1); tandis qu'une série de pieds égaux sans divisions réglées produit ce que les anciens appelaient : γεγυμένα ἄσματα, *fusa carmina*, chants *coulants* ou *confus*, suivant uniformément un texte, sans avoir de repos symétriquement disposés. Une partie de nos mélodies liturgiques appartient à cette catégorie. Nous expliquerons plus loin dans quel sens.

Il est certain que dans la prose parlée et dans la prose *chantée syllabiquement* à la façon de nos teneurs psalmodiques, Oraisons, Évangiles, etc., les mots forment tous des pieds prosodiques. Car comme le remarque Cicéron, après Denys d'Halicarnasse (2), les nombres ou pieds oratoires ne différent pas dans leurs éléments des nombres ou pieds de la poésie : « *Nullus est numerus extra poeticos*, » dit-il (*Orat.* LVI, 188), et il ajoute : « *Sit igitur hoc cognitum in solutis etiam verbis, inesse numeros, eosdemque esse oratorios qui sint poetici.* » Cependant pour deux raisons manifestes la prose n'a pas la *mesure* parfaite de la poésie : 1° parce que les *pieds* n'y ont pas ordinairement la symétrie et la périodicité voulues ; 2° parce que le discours, fût-il déclamé solennellement, ne peut être réduit en mesure battue : *Oratio non descendit ad strepitum digitorum*, » dit F. Quintilien. Son rhythme est donc très-différent du rhythme musical et du rhythme poétique : « *Longe est dispar ratio numerorum in soluta oratione, ac sit in poematum cantu.* » (Vossius, *De Poem. cant. et vir. rhyth.* Edit. Oxonii, p. 60. — Voir à la fin de ce mémoire.) Il est aussi beaucoup plus difficile à saisir, malgré son existence très-réelle. « *Est ad inveniendum difficilior in oratione numerus, quam in versibus.* » (Cic. *Orat.* LV, 184.)

Avant même d'avoir parlé de l'accent, nous pouvons déjà conclure ici qu'on perdrait son temps à vouloir exprimer rigoureusement par des valeurs temporaires quelconques la marche d'un discours, et presque au même degré le chant d'une Épître, d'une Oraison, d'une teneur psalmodique; mais ce serait le comble de l'absurde de vouloir les mettre *en mesure* (3), à deux, à trois, à quatre temps, et même *alla Palestrina*. Telle est pourtant la naïveté que nous prête M. Cloet, malgré nos protestations réitérées. Il choisit (p. 61), pour épiloguer sur les valeurs des notes, une oraison notée tout au long, à la fin du *Graduel*,

---

(1) Si je ne craignais d'abuser du grec, j'analyserais ici deux textes que M. Vincent a cités dans ses *Notices*, p. 50, l'un d'un anonyme extrait de la Bibl. impér.; l'autre, d'Aristide Quintilien, dont on trouvera la traduction latine dans Meibom, p. 32. — Il suffit, je crois, de renvoyer à ces deux ouvrages.

On peut voir déjà comment l'air : *Ah! vous dirai-je maman*, quoique écrit à notes égales, est *un rhythme* dans toute la rigueur du mot, à cause de la coupe symétrique de ses membres, les repos qui les séparent, des temps forts placés de deux en deux notes (On les a marqués par un point.)

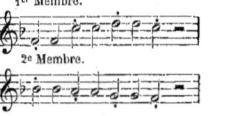
1er Membre.

3e Membre.

2e Membre.

4e Membre.

Le temps vide qui sépare le 3e membre du 4e pourrait n'être pas marqué qu'il existerait néanmoins et formerait une division très-réelle. Les anciens trouvaient bien un *temps vide* placé naturellement au bout de chaque pied : « Quoddam in divisione verborum tempus latens » dit F. Quintilien, IX, 4. Otez ces séparations symétriques et chantez toutes les notes, sans aucune interruption : vous n'aurez plus qu'une insipide cantilène où rien ne rachètera la monotonie qui s'attache à la perpétuelle égalité des sons.

Cette théorie est appliquée d'une manière très-instructive par S. Augustin (*De Mus.* V, 4), à la division du vers trochaïque : *Roma, Roma cerne quanta | sit Deûm benignitas*, formule typique de plusieurs Hymnes et Séquences.

(2) Πᾶν ὄνομα καὶ ῥῆμα καὶ ἄλλο μόριον λέξεως, ὅ τι μὴ μονοσύλλαβόν ἐστι, ἐν ῥυθμῷ τινι λέγεται· τὸ δ' αὐτὸ καλῶ πόδα καὶ ῥυθμόν Dion. Halicarn. De comp. verb. ch. XVIII. Edit. de Reiske, Leips. 1775. T. V, p. 104.

(3) M. L'abbé Petit (*Dissert. sur la Psalmodie*) a très-judicieusement noté ce fait. « Jamais, dit-il, p. 99, la notation, quelle qu'elle soit, n'of-
» frira la mesure exacte de tous les mouvements d'un chant (le chant psalmodique en général), qui a pour caractère distinctif l'inégalité même
» des sons dont il se compose, et des mots des syllabes auxquels il s'adapte. » Et plus loin, p. 203. « Ces signes sont destinés, moins à régler
» la marche d'un chant essentiellement libre, qu'à distinguer certaines syllabes et à indiquer approximativement leur durée relative. »

Le P. Lambillotte et moi avons répété cela à satiété, notant avec scrupule la différence profonde qui sépare les chants prosaïco-mélodiques,

p. 697 ; il a soin d'en EFFACER LES ACCENTS, et la cite de manière à faire entendre que le P. Lambillotte la fait battre en mesure, lui fait « marquer le pas », suivant la valeur rigoureuse des notes dont le texte est surmonté. En vérité j'aime à croire qu'il y a ici une distraction du *correcteur d'épreuves;* au moins faut-il convenir qu'elle tombe bien mal à propos.

Mais reprenons notre théorie. Nous aurons bien à relever d'autres erreurs en ce même endroit des *Remarques critiques.*

Le *rythme* proprement dit, avons nous vu, résulte de la succession combinée des temps forts et des temps faibles.

Si l'on suppose un texte et un rhythme disposés de telle sorte que la succession des brèves et des longues prosodiques corresponde parfaitement aux temps rhythmiques, comme dans les vers réguliers, les *héroïques* par exemple, ou les *iambes purs*, on obtient un rhythme à la fois *poétique* et *musical* correspondant à notre *mesure*, et s'identifiant avec le mètre des anciens vers. Denys d'Halicarnasse a pu dire dans ce sens, que le *ryhthme* et le *pied*, étaient une même chose : τό δὲ αὐτὸ καλῶ πόδα καὶ 'ρυθμόν.

Ce rhythme sera *égal* si le *frappé* est égal au *levé* comme dans une succession de dactyles, de spondées, d'anapestes et de proceleusmatiques (les deux brèves égalant une longue (1) ;

```
           A  T  | A  T
           —  ‿  | — —
   Fun- di- te  | fle-tus.
   E-  di- te  | planctus.
   Fin-gi- te  | lu-ctus (2).
```

Ou dans cet exemple donné par M. Vincent.

```
    T    A
    ‿ ‿ —  | — —  ‖ — ‿ ‿ | — — ‖ ‿ ‿ ‿ ‿ | — — ‖ — ‿ ‿ | — —
   Ve- ni- ent  an- nis  sæ-cu- la   se- ris   Qui-bus o-  ce    a- nus vin- cu- la   re-rum, etc.
```

Le rhythme sera appelé *double* si l'arsis et la thesis sont l'une à l'autre comme $\frac{2}{1}$; par exemple dans l'iambe (‿ —) et le trochée (— ‿) (3).

```
    a  t
    ‿  —   | ‿ —  | ‿ —  | ‿ —
    Cre- a- tor al- me si- de-rum.

    a  t
    —  ‿   | — ‿  | — ‿  | — ‿
    Læ- ta  cur- rat et so- lem- ni.
    Per-so- net me- lo- di- a.
```

Le rhythme *égal* correspond à nos mesures binaires, le rhythme *double* à nos mesures ternaires.

L'une et l'autre, on le conçoit, forment différents composés.

tels que les Introïts, Offertoires, etc., des chants psalmodiques (ou rhythmiques suivant Dom. Jumilhac), tels que les teneurs de Psaume, les Leçons, Epîtres, etc.

Voyez l'*Esthetique*, p. 315, la *Méthode*, page 28, et plus loin, p. 73. Dans ce dernier endroit, nous disions : « La psalmodie appartient à cette
» partie des chants sacrés que l'on appelle plus particulièrement *rhythmiques* (d'autres ont dit *prosodiques*) lesquels, sauf la juste part faite à la
» mélodie dans les médiations et les terminaisons, suivent absolument *les lois d'une bonne lecture latine.* »

Il n'est pas jusqu'aux différents *prospectus* où l'on n'ait combattu cette confusion plus habile que juste, entre les chants de nature diverse ; en même temps, que le malheureux équivoque, entre la mesure musicale et la régularité rhythmique du chant Grégorien.

(1) Cf. Bacchius l'ancien (édit. Meibom. p. 24), et Marius Victorinus (*Script. lat rei metricæ*, edit. Gaisford. Oxonii, 1837, p. 51).

(2) Je sais bien que Sénèque appelle ces vers anapestiques et que, pour se conformer à ce nom, on pourrait former le premier pied d'un silence et d'une longue et faire empiéter un vers sur l'autre, d'une syllabe. Ceci importe peu à notre sujet.

(3) Nous omettons à dessein le rhythme *hémiole* ou *sesquialtère*, où l'arsis et la thésis sont l'un à l'autre comme $\frac{3}{2}$ parce que nous n'avons rien qui s'y rapporte, dans notre chant liturgique.

Ici nous voyons le rhythme correspondre parfaitement au mètre et s'identifier avec lui ; mais il n'est pas difficile de concevoir ces deux choses séparées, soit dans un *chant sans paroles*, soit dans une formule rhythmique appliquée à un texte où les brèves musicales ne correspondraient pas entièrement aux brèves rhythmiques.

Jusqu'à quel point peut aller en pareil cas la prééminence du rhythme ? Cette question couvre un malentendu, dont plusieurs musicographes récents ont profité, bien innocemment sans doute.

Le langage admet, outre la *quantité prosodique*, un autre élément d'harmonie et d'expression qui joue un grand rôle dans tous les idiomes, mais surtout dans les langues grecque et latine : c'est l'*accent tonique*.

Nous en avons donné ailleurs, d'après les meilleurs maîtres, une théorie très-abrégée qu'il faut répéter ici.

« L'accent tonique que l'on a justement appelé l'*âme de la parole*, est ce mouvement de la voix qui, se portant avec plus d'énergie sur une syllabe privilégiée, l'attaque, la frappe en quelque sorte, de manière à la faire ressortir. » « C'est, dit Scoppa, ce coup, cette vibration qui forme pour ainsi dire l'*esprit* de la
» voix ; qui domine sur une des syllabes de chaque mot. Par cet appui, la syllabe affectée et devenue plus
» sensible et plus énergique que les autres, forme comme un centre d'unité entre les syllabes d'un même
» mot. »

« L'accent ne requiert de sa nature *ni prolongement notable*, ni élévation de voix sur la syllabe qu'il affecte ; c'est une note plus fortement attaquée, un *temps fort* dans la mélodie du langage : Dóminus ténebræ. En observant attentivement l'effet produit par l'accent dans le discours, on remarquera qu'il absorbe tellement à son profit l'effort de la voix, que les syllabes faibles sont comme effacées par celles qui portent l'accent, au point que les peuples dont l'accentuation est forte, semblent ne prononcer que celles-ci et laisser deviner les autres (1). »

La nature de l'accent une fois bien comprise, on conçoit aisément que l'on ait pu former des vers basés non plus uniquement sur le retour symétrique des longues et des brèves prosodiques, mais sur celui des syllabes accentuées. Les mélodies conservant, indépendamment du texte, leur rhythme *égal* ou *double* (dactylique, iambique et trochaïque) la syllabe accentuée prenait dans les vers composés d'après ce système la place des longues prosodiques, les syllabes non accentuées restaient *ad libitum*, et l'on faisait ainsi des vers rhythmoïdes, *ad instar trochaïci, ad instar iambici metri*, comme dit le vénérable Bède ; en ayant soin toutefois de sauver le plus possible la régularité métrique du dernier pied de chaque vers. Un grand nombre de nos hymnes et de nos séquences ont été composées d'après ce système, comme nous le noterons plus loin, et ce ne sont pas les moins harmonieuses.

C'est en de pareils chants que le musicien avait à disputer avec certains grammairiens arriérés qui voulaient défendre la métrique contre la rhythmique. Le débat ne date point du moyen âge.

Les lyriques grecs, et Pindare en particulier, avaient composé des vers où le mètre a cédait au rhythme. Si l'on en croit Athénée (2), Homère aurait, en plus d'un endroit, sacrifié à la mélodie les règles de la prosodie grecque ; et c'est contre l'invasion du rhythme dans le domaine de la métrique que réclamait Horace au siècle d'Auguste.

Accessit numerisque modisque licentia major. (Art. poét. 212.)

C'est à ce genre de compositions soit musicales, soit poétiques qu'il faut, ce nous semble, appliquer les

---

(1) A l'endroit même d'où le passage suivant est tiré (*Pratique du chant Grégorien*. p. 73.) nous avons indiqué un certain nombre d'ouvrages à consulter sur la matière. Nous y joindrons ici 1° trois *Dissertations* excellentes de Barthez, ci-devant membre de l'Académie royale des inscriptions et belles-lettres. On les trouve dans le Magasin encyclopédique de Millin, vi⁰ ann. (1801). tom. v, p. 209. — x⁰ ann., t. vi. p. 109. — xi⁰ ann. (1806), numéro de janvier. La dernière, surtout sur le rhythme, contient des observations neuves et judicieuses. — 2° Trois *dissertations* du P. Sacchi Barnabite, intitulées : *Della divisione del tempo nella musica, nei ballo e nella Poesia*, in-18, Milan, 1770.— 3° Sur l'accent, un opuscule grammatical du plus haut mérite, par Fr. Ritter. *Elem gramm. lat. libri duo*. Berlin, in 8⁰, *Impens*. Fr. *Nicolai*. 1831.

(2) Athénée Deipn. Lib. xiv, c. 8. Edit. de Casaubon. Lyon 1612, tom i, p. 326.

passages tant discutés de Denys d'Halicarnasse et de Longin, où ils affirment que la rhythmique allonge sans scrupules des syllabes prosodiquement brèves (1). De même, saint Augustin (*De Music.* II, 1) déclare que « la musique de qui relève la juste mesure et le nombre dans les mots, ne craint pas d'allonger çà et là
» une syllabe brève pour conserver la régularité du rhythme. » Mais l'exemple qu'il ajoute montre bien dans quelles limites il renferme cette licence. Je le cite dans sa langue. « Nam si eo loco ubi duas syllabas
» poni decet, hoc verbum (*cano*) posueris, et primam, quæ brevis est, pronuntiatione longam feceris,
» nihil musica omnino succenset: tempora enim vocum ea pervenere ad aures, quæ illi *numero* debita
» fuerunt. Grammaticus autem jubet emendari.... » Ce sera donc l'accentuation qui dominera la quantité prosodique. Bernon, abbé d'Auges, parlant dans le même sens (voyez *Esthétique*, p. 288), témoigne hautement de son respect pour les droits de l'accentuation. «.... Si quis in secundæ conjugationis verbo,
» acuto accentu in antepenultima pronuntiat ita; *dócete*; vel in tertia conjugatione in penultima circum-
» flexo : *legîte*, omnino ipsa auditus novitate tabescit (2). »

M. l'abbé Petit a fort bien ramené à cette signification le passage de l'*Instituta Patrum*, sur lequel on avait appuyé des infractions très-fâcheuses aux règles de l'accent dans la psalmodie. Si l'axiome cité plus haut: *Musicat non curat*, etc. n'a pas d'autre application, il ne consacre aucune espèce d'abus. Mais il servait sans nul doute de passe-port à ces passages des chants Grégoriens où, comme par un fait exprès, des pénultièmes brèves sont chargées de 20 à 30 notes. Dès lors il ne consacre en aucune manière la doctrine des *musiciens grecs et latins d'un âge antérieur*. Ces choses-là sont plutôt dites que prouvées.

Ce qui est certain, au moins, c'est que le moyen âge eut une connaissance et un sentiment très-vif de la rhythmopée fondée sur l'accentuation, mais que, par système, il en a réservé l'emploi aux hymnes, aux séquences, aux teneurs psalmodiques (3).

Ce qui ne l'est pas moins, c'est qu'il a pris très-peu de souci dans ces sortes de chants, de fixer l'expression rhythmique par des signes spéciaux (4), laissant à la tradition, à l'usage le soin de conserver ce que n'ignorait personne.

M. Cloet abuse donc par trop de sa position de critique, quand il écrit les lignes suivantes, p. 59.

« .... Une règle était constamment gardée : toute syllabe brève, dans les mots à désinence dactylique,
» aussi bien que dans les dictions spondaïques, portait au moins un *punctum* ou une carrée (5). »

« En effet, parmi tant d'antiques et précieux manuscrits qui enrichissent nos bibliothèques, ouvrez
» n'importe quel recueil de chants liturgiques, vous n'y rencontrerez pas un seul exemple d'une pratique
» contraire. » En êtes-vous bien sûr ?

« C'est seulement à la suite de la Renaissance, sous le pontificat de Clément VIII, qu'on imagina de
» diviser les brèves en trois espèces, et qu'on commença à représenter les pénultièmes des dactyles, par
» une simple lozange ou semi-brève, etc., etc. »

---

(1) Le passage de Longin a été cité en partie par M. Vincent dans ses *notices*, p. 159. On le trouvera en entier dans les œuvres complètes de Longin ; Editio Oxonii, cum notis J. Toupii, 1718, IIIe frag. p. 8. — Le texte de Denys d'Halicarnasse se trouve à la fin de la sect. XI de son livre *De compos. verborum* (Édit. déjà citée, tom. V, p. 64).

(2) Cf. Ritter, op. cit. « Voces *méo, túo,* νόμω, φύσι, secundum accentum, scilicet harmonicam rationem, hanc habent mensuram $\cup -$, ex numeri autem legibus, hanc $\cup \underline{-}$, hoc est: secundum accentum illæ voces pedem trochaïcum $\cup \cup \cup$ efficiunt, secundum numerum autem pedem iambicum $\cup \underline{\cup \cup}$ constituunt, p. 13. »

(3) Donat établit la doctrine de l'accent comme nous venons de le faire. Lib. I. segm. v. *De tonis*. « Tonos alii accentus, alii tenores nominant
» ....., Ubi vel ambæ productæ vel posterior syllaba producta fuerit, vel ambæ correptæ, acuemus priorem syllabam, sive illa correpta fuerit,
» sive producta, ut *léges, réges, népos, bónus*... etc. » (Edit. Lindemmann, p. 8). Il y avait donc entre lui et les musiciens du moyen âge quelque chose de plus que ce léger dissentiment que signale saint Augustin entre les métriciens et les rhythmiciens.

(4) Du moins les exemples sont si rares qu'ils comptent à peine. Le P. Lambillotte a trouvé à Padoue et à Vérone, des Hymnes trochaïques et iambiques où les longues sont marquées par des virgules et les brèves par des points, mais de tels hymnaires ne se rencontrent pas en France, et sont fort rares ailleurs. Quant aux teneurs psalmodiques le principe est général.

(5) *Un punctum*. Mais je demanderai à M. Cloet ce que l'on aurait pu mettre de plus bref dans la notation neumatique.

— 22 —

Reprenons : De deux choses l'une, ou M. Cloet tire ses exemples des morceaux Grégoriens prosaïques, ou il invoque les chants rhythmés comme le discours, les chants psalmodiques, en un mot.

Dans le premier cas son assertion ne prouve rien contre nous : car une *commune* placée sur la deuxième syllabe de *desuper*, par exemple, ne nous impose pas plus l'obligation de prolonger cette syllabe, contre les règles du langage, que la notation suivante,

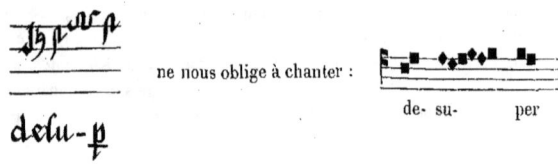

Les manuscrits où la quantité est négligée à ce point, ne sont pas des autorités à citer en matière de prononciation : et si M. Cloet m'oblige à la stricte observance de la première notation, que ne garde-t-il la seconde, lui et ceux qu'il défend ?

Dans le second cas (celui où il voudrait s'appuyer sur des chants psalmodiques notés au long, son assertion prouve bien moins encore, car dans les teneurs psalmodiques, leçons, versets, il ne pourra jamais, *en dehors des inflexions mélodiques* et des finales, me montrer la moindre trace d'une accentuation régulière, la notation n'apparaissant dans ces passages que pour l'intonation et rien de plus.

Il trouvera partout des passages tels que ceux-ci :

(Voyez le même Introït dans un manuscrit guidonien à lignes vertes et rouges de la Bibl. de Douai, où le mot *Domino* est surmonté de trois *virga*. Les fac-similés seraient inutiles ici : la chose est trop évidente. Aussi bien j'en reproduirais un volume à l'appui de ce fait.)

Mais si la note commune, placée sur la première syllabe d'un anapeste ou d'un dactyle, ne prouve pas qu'il ne faille point l'accentuer, la même commune, placée sur la pénultième, ne prouve pas non plus qu'il ne faille point l'abréger (1).

Et voilà que la théorie de M. Cloet reste appuyée sur le vide.

De plus, si l'autorité des anciens manuscrits a fait conserver par la commission de Reims la note carrée

___

(1) Il y avait sur tout cela, remarque fort bien M. l'abbé Petit, « des notions, des habitudes acquises, des traditions répandues, transmises non-seulement par des théories, mais par l'enseignement oral et par la pratique des bons maîtres. » p. 151.

sur les pénultièmes brèves, l'autorité de ces mêmes manuscrits aurait dû l'empêcher, par la même raison, de mettre une note à queue sur l'antépénultième.

Comment M. Cloet n'a-t-il pas pris le temps de réfléchir à cela? Et comment, sur des arguments si frêles, s'aventure-t-il à dire, au moins en substance, qu'après le pape Clément VIII, qui avait porté le premier coup, le P. Lambillotte est venu achever les vrais principes du langage? N'est-il pas évident que, dans une catégorie de chants « qui suivent les règles d'une bonne lecture accentuée, » c'est aux lois de la prononciation latine qu'il en faut référer, et non à l'autorité de manuscrits, qui n'apportent sur ce point aucune lumière?

Résumons donc les lois de la prononciation latine, pour nous purger du reproche de barbarie.

M. l'abbé Petit les exprime clairement sur le point qui nous occupe, dans un chapitre qui n'a point été réfuté et ne le sera certainement jamais par aucun des membres de la commission rémo-cambraisienne. Je ne m'en tiendrai point à son autorité, quelque grave qu'elle puisse être, et j'espère, avec l'aide de Dieu, rendre palpable cette proposition.

QUE SOUS L'INFLUENCE DE L'ACCENT TONIQUE, DANS LES TERMINAISONS ANAPESTIQUES ET DACTYLIQUES (*Dŏmĭnī, tĕmpŏrĕ*) LESQUELLES SONT RENFERMÉES EN DEUX TEMPS (1) LA PÉNULTIÈME BRÈVE EMPIÈTE SUR L'ANTÉPÉNULTIÈME ET NE FORME QU'UN MÊME TEMPS AVEC ELLE.

Entre les syllabes qui... sont réputées brèves, dit M. Petit (*p*. 98), « il en est certainement qui sont plus
» brèves que les autres dans la prononciation; par exemple, la pénultième des mots proparoxytons, comme
» *Dominus, mirabilis*. N'est-ce pas un fait constant, palpable, que la voix, après s'être élevée dans ces
» sortes de mots sur l'antépénultième, retombe subitement sur la suivante, et avec tant de force qu'elle
» l'écrase pour ainsi dire de son poids, et qu'elle finit quelquefois par l'éliminer, par l'effacer entièrement?
» C'est ainsi que *Domine, periculum, valide, virago*, etc., ont été réduits par contraction et par syncope
» à la forme *Domne, periclum, valde, virgo*. »

Cicéron parlant des nombres oratoires (*Orat*. LVII), établit que le spondée est égal par sa durée (quatre semi-brèves ou deux de nos temps) au dactyle et à l'anapeste. Il est facile de se convaincre par expérience que nous prononçons en un même temps, sous l'influence de l'accent.

Dómnus   —   —
Dóminum   ⌣ ⌣ —
Témpore   — ⌣ ⌣
et même le *crétique* Témpori   — ⌣ —

Je prie M. Cloet de vouloir bien me suivre jusqu'au bout et de me dire sur laquelle des deux syllabes *Do-num, tem-re* dans *Dóminum* et *témpore*, empiète la brève médiaire.

En attendant, consultons les savants et notons leur réponse.

Ritter (ouvrage cité plus haut), après avoir fait observer (p. 7) que dans un trisyllabe proparoxyton la première syllabe semble en quelque sorte plus haute de ton que la seconde et la seconde que la troisième, ce qui est très-vrai dans le langage, ajoute, p. 8 : « Talium vocabulorum exempla sunt *ánimus, Dóminus, dúbius*; in quibus si duæ syllabæ priores in unam coalescunt,... tum forma ⌣ ⌣ ⌣, in hanc ⌒ ⌣ mutatur. » Voici pour les *crases*.

Un peu plus bas il ajoute :

« ... Progredi etiam longius posses, vocabulumque quoddam ita pronunciare, ut sonus acutus cadat in quartam a fine syllabam, seu (quod est idem) flexus in tertiam, hunc in modum : ⌣ ⌣ ⌣ ⌣ sive ⌒ ⌣ ⌣,

---

(1) Suivant notre manière de compter. Il faudrait dire *en quatre temps* d'après le système des anciens. J'ai déjà fait observer après Remi d'Auxerre, que ces deux expressions revenaient au même dans la pratique.

sed hæc pronunciandi ratio quamvis et cogitari possit et voce humana exprimi (1)..... quum a plurimis linguis, TUM A ROMANA, ût videbimus... SEDULO REPUDIATA EST (2). »

Cette prononciation, qui rejetterait l'accent aigu ou tonique la valeur de trois temps des anciens (trois semi-brèves) avant le son final, a donc été *repoussée avec soin de plusieurs langues et surtout de la langue latine*. Que dire de la prononciation réclamée de nous sous peine de barbarie par M. Cloet, elle qui mettrait cet accent quatre de ces temps avant la finale, ◡ ◡ ◡ ◡ ◡ , pour ne pas dire cinq !

Notre auteur, p. 16, dans son chapitre intitulé *De vocutatione Romanorum propria*, descend au fond des choses et analyse parfaitement la prononciation latine, dans un passage qu'il nous faut traduire tout entier. Il est un peu long ; mais je ne plaindrai pas ma peine, si je puis laver le P. Lambillotte du reproche *sévère*, d'avoir *foulé aux pieds d'une manière violente les lois du langage*, en ne faisant qu'un temps des deux premières syllabes d'un dactyle.

« Chez certains peuples, dont la prononciation tend à porter l'accent aigu sur les finales, le discours
» prend une sorte de rhythme iambique, et par là même, vu la nature de ce rhythme, leur langue reçoit
» un cachet de rapidité et de légèreté (3). Chez d'autres nations, on a l'habitude de repousser l'accent de
» la fin des mots vers leur commencement ; le langage prend de là un air de gravité et presque de faste,
» caractère propre du mètre trochaïque. La langue grecque réunit ces deux accentuations.... Mais il en
» va bien autrement chez les Romains ; car, au témoignage de leurs grammairiens et de beaucoup
» d'autres auteurs, l'accent de la langue latine se retirant des dernières syllabes vers les premières, la
» prononciation va toujours tombant du son le plus accentué vers le plus sourd : de même que dans le
» rhythme trochaïque, la voix se précipite de l'*arsis* à la *thesis*. Aussi, la prononciation latine est à pro-
» prement parler une prononciation trochaïque..... Non-seulement nous le reconnaissons dans les mots
» tels que *Roma*, *Creta* (⌢ ◡) et dans *Dóminus*, *dúbius* (◡ ◡ ◡) mais aussi dans *méus*, *túus* (◡ ◡),
» dans *môs*, *flôs* (⌢ = ◡ ◡) (4). »

« C'est pourquoi je résume tout le système de la prononciation accentuée chez les Latins, en cette règle
» unique : *Les Latins repoussent toujours l'accent de la fin des mots vers le commencement, en prenant
» soin toutefois* DE NE PAS DÉPASSER LA VALEUR D'UN MOT TROCHAÏQUE. »

Cela se vérifie très-exactement même dans la prononciation du crétique (*témpori*), car l'affaiblissement naturel de la dernière syllabe et cet imperceptible temps vide que Quintilien signale à la fin des mots, le réduisent dans l'usage à la forme (◡ ◡ ◡).

Je crains déjà d'avoir abusé de la grammaire, je ne cite plus qu'un mot : il est de Ritchell, le dernier et le plus savant éditeur de Plaute (5).

---

(1) On l'exprime fort bien en effet dans les chants métriques

(2) J'ai dégagé cette phrase des membres incidents pour lui laisser toute sa clarté. La voici tout entière : « Simili quidem modo, in hoc de-
» scendendo et ascendendo, progredi etiam longius posses, vocabulumque quoddam ita pronunciare ut sonus acutus cadat in quartam à fine
» syllabam sive quod est idem, etc. Sed hæc pronunciandi ratio quamvis et cogitari possit et voce humana exprimi, illud tamen habet incom-
» modum ut ea tali descensione, ab elato sono ad depressum per tot intervalla cadente, ad cantum quamproxime accedat. Quapropter
» tum, etc...,. (p. 8) En effet, dans le langage parlé, un mot partant d'une note élevée et descendant par tant de degrés formerait un chant insipide, comme les finales de certains orateurs.
(3) Telle est la langue française.
(4) Je recommande ce passage à M. Cloet.
(5) T. Maccii Plauti comœdiæ. Eberfeldæ 1849. T. I, Proleg., p. cclviij.

« *Una longa arsis* ⌣, *ubi in duas breves solvitur, necessario hanc formam recipit* ⌣ ⌣. »

Avec le système de M. Cloet cette *arsis* longue dans *Dómnus* par exemple, devrait se résoudre en cette forme : Do- minus.

Je n'ajouterai pas ce qu'un savant Italien, à qui je faisais part de la difficulté qu'on nous oppose, m'a répondu là-dessus, M. Cloet en serait choqué à bon droit. Il est vrai que, ne connaissant point le caractère du critique, il n'était pas tenu aux mêmes ménagements que moi : mais il exprimait naïvement sa surprise de ce qu'une dissertation fût nécessaire pour établir un point de grammaire que tous les écoliers savent par cœur au delà des Alpes.

Voilà donc confirmé par les règles même du langage latin ce système affreux, *subversif de tous les usages*, qui nous fait écrire dans le courant des phrases, à moins de circonstances toutes spéciales :

Dó-mi-nus   et non pas

Mais on se scandalise de ces deux valeurs données à la semi-brève (♦). On pourrait renvoyer l'objection aux auteurs que je viens de citer, et qui donnent aussi à la brève du langage deux valeurs très-distinctes qu'ils marquent d'un même signe. Mais dans la pratique, l'embarras devient nul, car on n'a jamais à séparer cette alliance de notes ♩♦ remplissant un seul temps, et chacune d'elles prend tout naturellement la valeur qui lui appartient (1).

Ce système est subversif de *tous les usages*. — Au moins faudrait-il savoir douter de quelque chose! Je n'ai pris garde à ce point par moi-même que dans quatre diocèses de France. Sur ces quatre j'en ai trouvé trois où l'on allait contre le précepte *universel* de M. Cloet : Paris, le Mans et Amiens. Les renseignements que j'ai pris depuis me prouvent qu'on fait de même en plusieurs diocèses de Belgique (2) et dans presque toute l'Italie.

Je m'arrête, laissant à regret quelques méthodes anciennes qui viendraient fort à propos appuyer le P. Lambillotte dans la défense de ce système *subversif de tous les usages*. Je crois en avoir assez dit sur ce chapitre : gardons quelque chose pour une autre fois ; d'ailleurs je m'aperçois que j'écris un volume au lieu d'une courte brochure. Il le faut bien : les cent pages que je réfute contiennent une erreur ou une inexactitude à chaque ligne. Le sixième paragraphe, page 62, en fourmille. Les griefs y sont catalogués comme il suit :

« 1° Dans les mots qui finissent par un dactyle (*spíritus ecclésiæ* (sic) *ómnibus, sæculi* (sic), l'anté-
» pénultième ou syllabe accentuée est notée par une carrée caudée qui la rend plus brève que la syllabe
» ordinaire. »

J'ai montré que ce grief n'en était pas un.

« 2° La pénultième dans les dictions dactyliques porte une losange précédée d'une note virgulaire
» (lisez *d'une carrée caudée* comme ci-dessus), ce qui fait qu'elle n'a en durée que le quart d'une syl-
» labe (ajoutez *longue*) ordinaire..... »

Ce grief est aussi fort que le précédent.

---

(1) Encore un mot de M. l'abbé Petit, lequel n'a point écrit à la légère. Parlant de l'usage que nous combattons, il ajoute, p. 246 : « Guidetti
» a suivi dans son *Directorium chori* cet usage qui a prévalu chez les praticiens modernes *contrairement à la pratique des anciens*. » Heureusement, nous savons qu'il n'a pas prévalu en Italie malgré l'autorité de Guidetti.

(2) C'est du reste le précepte de M. Janssen dans sa méthode, relativement à la note à queue, suivie d'une brève. Ces deux notes, dit-il, égalent une *carrée simple*. (*Les vrais principes*, etc., p. 14.)

— 26 —

« ..... Cette brièveté excessive donnée à l'avant-dernière syllabe, nuit à l'audition des paroles, et elle
» introduit dans le chant une précipitation malséante. »

Encore une de ces sentences qui n'ont d'autre fondement que la manière de voir de M. Cloet. Lui qui reproche si fort au P. Lambillotte d'avoir mis en avant ses idées personnelles, devrait au moins la faire précéder d'un *Il me semble*, et chacun lui dirait tout bas comme le philosophe de Molière :

Il peut fort bien vous le sembler sans que cela soit.

Tout dépend du mouvement adopté dans l'exécution. Ceux qui comprennent assez mal le respect dû au saint lieu pour y chanter avec une précipitation malséante, le feront avec toute espèce de chant. Hier encore je voyais un ecclésiastique fort irrité de la façon légère dont il avait entendu exécuter le chant de Reims dans une église. « Impossible, disait-il, d'en saisir un seul mot. » Qu'est-ce que cela prouve? Quand M. Cloet voudra bien m'honorer d'une visite, je lui ferai entendre ces chants, qui lui déplaisent si fort, de telle sorte qu'il n'en perde pas une syllabe, sans pour cela traîner le moins du monde. Encore une fois, que ne peut-on pas travestir? Je connais un artiste qui a composé une valse sur le chant de la Préface.

« 3° Dans les mots de deux syllabes (*Deus*, *meus*, *vester*), chaque syllabe porte ordinairement une
» carrée : ce qui fait que la seconde est aussi longue que la première qui requiert l'accent.

« 4° Dans les mots à terminaison spondaïque (*orémus*, *vobiscum*, *præcépta*), toutes les syllabes sont
» représentées pareillement par une carrée, en sorte que la syllabe accentuée ne se fait sentir aucunement. »

M. Cloet parle sans doute ici des chants psalmodiques ou quasi-psalmodiques, sans quoi ses deux observations n'auraient pas de sens.

Mais ces chants sont tous accentués dans les livres du P. Lambillotte (excepté, je le regrette, les Psaumes d'Introït (1). Or un accent sur le texte en dit autant au chanteur qu'une queue à la note. Peu importe qu'on écrive

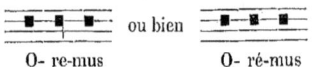

en des chants qui n'ont de règle que celles d'une bonne lecture latine.

Prenons qu'ils ne soient pas accentués. Le chanteur est bien et dûment averti que tout dissyllabe porte l'accent sur la première, et quant aux finales vraiment dactyliques, elles se distinguent aisément par la notation.

Suivent deux articles que j'épargne au lecteur et dont toute la valeur apparente repose sur la confusion déjà signalée entre la liberté de la parole et la mesure régulière des chants mélodiques (2).

Le tout se conclut par des exclamations solennelles où les mots d'*arbitraire*, de *désordre*, de *lois grammaticales foulées aux pieds d'une manière violente*, couvrent la pauvreté des théories soutenues par le critique.

Mais si les exclamations nous touchent peu, nous ne dissimulerons pas combien nous attriste l'incroyable préoccupation (le lecteur dira peut-être tout à l'heure quelque chose de plus) qui a présidé au choix des exemples amassés contre nous à l'endroit de la *Psalmodie* et des chants analogues.

(1) Je ferai en sorte que cette omission soit réparée dans une des éditions subséquentes, observant partout la règle suivie dans l'*Antiphonaire*, de distinguer par l'accentuation du texte toutes les parties de l'office qui se phrasent comme la lecture. On s'en est écarté au *Graduel*, dans les Psaumes d'Introït, pour ne pas mélanger deux sortes de texte dans un même morceau. Mais cet inconvénient est peu de chose, il est facile d'y obvier.

(2) On nous y reproche entre autres choses d'avoir employé deux fois dans un même mot la forme ♩♦ comme *contraignant* le chanteur à faire entendre deux accents. Cela est vraiment puéril. Je conseille à M. Cloet d'analyser de la sorte les diverses éditions du *Directorium chori*. Il trouvera en ouvrant celle de 1647, p. 676 :

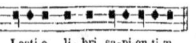

et cent autres traits semblables.

Il faut citer textuellement M. Cloet, la chose en vaut la peine.

« Prenons pour exemple les mots spondaïques suivis d'un enclitique (*súper vos, congregáti sunt,*
» *indútus est, advérsum me, præcínxit se,* etc.), v. p. 64 des *Remarques.*

Premier inconvénient : Dans tous les mots cités ici, IL N'Y A PAS UN SEUL ENCLITIQUE. Eh ! mon Dieu faut-il que des barbares comme nous, qui foulons aux pieds les lois du langage, recommençons un cours de grammaire à l'usage de notre censeur?

J'ai montré ce passage à un savant qui s'en est fort diverti. Pour moi, je le répète, cela m'attriste. On peut être infiniment respectable tout en ignorant la théorie de l'enclitique latin. Mais en parler avec cet aplomb quand on l'ignore et traiter en conséquence d'ignorant et de barbare un adversaire dont on a promis la défaite, c'est plus déplorable que risible; surtout quand on réfléchit au grand nombre de gens qui liront cela en toute confiance ou qui prôneront l'opuscule sans l'avoir lu.

Jamais de sa vie, fût-elle longue comme celle des Patriarches, M. Cloet ne produira un texte de grammairien dans lequel il soit dit QU'EN LATIN *vos, sunt, est, me, se, te, sum,* etc., sont des enclitiques.

S'ils l'étaient, en effet, on devrait écrire (1) : *Supérvos, iratísunt, benedicátvos, genuíte, locutússum, exaudínos, liberáme.*

Mais j'ai déjà tant parlé de grammaire ! Il me reste à faire trop de chemin pour que j'entreprenne ici une nouvelle excursion, d'autant que M. l'abbé Petit a parfaitement discuté cette matière dans l'excellent ouvrage auquel j'ai déjà renvoyé plusieurs fois mon critique.

« Il s'agit de savoir, continue M. Cloet, si l'on considérera comme dactyle la fin des mots ci-dessus
» cités (2), ou si l'on donnera une durée ordinaire à la syllabe qui précède l'*enclitique.* »

« Le P. Lambillotte suit indifféremment l'une et l'autre manière. « Ainsi aux pages 48, 56, 697, 705,
» et en bien d'autres endroits, il fait très-brève la syllabe qui précède l'enclitique ; et aux pages 56, 101,
» 611, 698, il la note autrement. »

On nous oppose donc ici l'axiome, *Idem non potest esse simul et non esse* : Oui, répondrai-je avec l'école : *De eodem et sub eodem respectu* : à condition qu'on n'amalgamera pas les chants prosaïques avec les psalmodiques, les teneurs et les médiantes avec les finales, ce qui se parle, et ce qui est rhythmé plus exactement que le discours. — M. Cloet ne prend pas tant de peine.

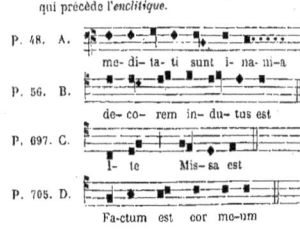

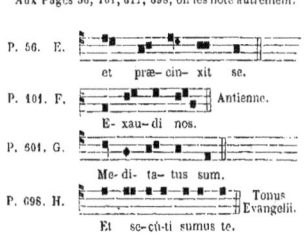

Dans l'exemple A, la nécessité de mettre sous la première note de la terminaison une syllabe privilégiée a commandé la notation suivie par le P. Lambillotte (voyez la *Méthode*, p. 76, et la *Dissert.*, de M. l'abbé Petit, p. 83 et suiv.), et, dans les suivants (B, C), les formes *indutus est, missa est,* que les anciens

---

(1) Cf. Vossius. *De Arte Gram.* Lib, II, c. IX. (Edition de Fœrtsch, pars I, p. 140).
(2) On a vu les mots *ci-dessus cités,* à la page précédente.

— 28 —

eussent prononcées *dans le discours* : *indutust, missast*, n'ont rien de commun avec *præcinxit se, exaudi nos, meditatus sum*. La forme *factum est* (*factumst* ou *factust*, c'est-à-dire l'élision de l'*m* devant *est*) est plus rare. Cependant on la trouve dans une inscription inédite récemmment découverte à Aschi, près du lac Fucino :

COGITATO TE. HOMINESSE
ET. SCITO MORIENDUST. VALE.

Si M. Cloet eût pris soin de mettre ainsi en tableau les passages incriminés, il eût été frappé de la diversité des circonstances et se fût rendu compte de la marche suivie dans l'ouvrage qu'il attaque si mal. Mais s'il eût cherché à les noter autrement, il eût senti combien ses reproches portaient à faux.

Le paragraphe suivant est plus étrange encore :

« § IX. Prenons encore pour exemple, continue M. Cloet, les médiations des 1re, 3e, 7e modes, et les
» terminaisons des 5e et 7e qui dévient par une élévation. »

« Commencera-t-on ces modulations sur la fin d'un mot en violant l'accent, ou bien anticipera-t-on
» d'une ou de deux syllabes de manière à ne point placer sous la première note de la médiation ou de la
» terminaison qui est essentiellement longue, une syllabe naturellement brève (1) ? »

« ... Quant au P. Lambillotte, ici encore, il a préféré marcher sans règle. Ainsi aux pages 163, 177,
» 216, 303, 322, 337, on anticipe pour ne pas lever sur la fin d'un mot ; et aux pages 18, 177, 311, 339,
» 365, 410, on fait le contraire. Vous trouvez même, comme au pages 337 et 339, le même mot modulé,
» ici d'après l'une, là d'après l'autre règle. »

Qui oserait nier des assertions si formelles ? Vous allez aux pages indiquées. Que trouvez-vous ?

On vient d'annoncer pour exemples les médiations des 1er, 3e, 7e modes et les terminaisons des 5e et 7e. Voyez plutôt :

C'est incroyable, pourtant rien n'est plus vrai. Sur douze exemples il y en a neuf qui ne vont pas *ad rem*,

---

(1) Je ne commente pas tout, de peur d'écrire un in-folio ; mais j'avertis le lecteur que tout n'est pas exact, il s'en faut, même dans ces lignes que je laisse passer sans commentaire.

(2) Si l'on eût écrit : [musical notation] on eût défiguré cette médiation en mettant trois syllabes pour une. *Non tres pro una*.
Do- mi- ne vir- tu- tum
C'est ici ou jamais que la mélodie retenait son droit aux dépens de l'accentuation.

(3) Si M. Cloet nous indiquait un bon moyen d'écrire cette médiation sans monter sur la syllabe *ti*, il nous ferait plaisir.

dont quatre qui n'en approchent même pas, et sur les trois appartenant à la catégorie annoncée, le même est répété deux fois! Quant au même mot soi-disant modulé de diverses manières, c'est dans des circonstances très-différentes, où il était pour ainsi dire impossible de faire autrement que n'a fait le P. Lambillotte. On était donc bien pressé de nuire à sa mémoire et à son œuvre.

Assurément je ne songe pas à prétendre que l'œuvre de ce cher Père soit exempte de tout défaut, et le soin que j'apporte en ce moment à faire disparaître les moindres irrégularités dans la seconde édition actuellement sous presse, en est une preuve évidente. Mais comment se fait-il que M. Cloet, partisan déclaré d'une publication liturgique dont la seconde édition a presque annulé la première, par les innombrables corrections qu'elle a subies, recherche si avidement *une paille dans notre œil*, et ne sente pas l'inconvénient de la mission qu'il s'est donnée.

Tout cela est un mystère pour moi!

ARTICLE SECOND.

DE LA MESURE DANS LES CHANTS PROSAIQUES. — TRADUCTION DES NEUMES A CE POINT DE VUE.

§ Ier.

Nous abordons une question délicate. Ce que nous allons dire va certainement contrister quelques amateurs du vague et de l'indéfini, en dissipant une illusion qui leur est chère; il faut pourtant bien les tirer de la sphère des illusions, quand on discute avec eux et leur poser enfin cette barbare question : *Qu'est-ce que cela prouve?*

Il n'y a pas encore dix ans, quelques hommes pleins de foi et de zèle, se mirent à rechercher les origines de nos mélodies sacrées, et s'efforcèrent d'en ressaisir la véritable exécution.

Il leur vint à l'esprit, disons le mot, ils *rêvèrent* que le premier caractère du *Chant Grégorien*, c'est le *vague*. Point de régularité dans son allure de proportion entre les valeurs de ses notes; rien ne doit entraver les élans de la prière; la mélodie est fille du Ciel. Les mots de *temps* et de *mesure* appartiennent à l'art profane. Et l'on dit aux chantres qui demandaient une règle pour se retrouver dans l'ensemble : Cette note vaut *à peu près* le double de cette autre; celle-ci vaut *à peu près* le quart de celle-là, chantez d'inspiration, vous vous retrouverez aux pauses: mais encore une fois, n'oubliez pas que le caractère du chant Grégorien, c'est d'avoir une allure « essentiellement *libre, vague, indécise.* »

A un précepte si bizarre et si nouveau dans sa généralité, il eût fallu joindre quelque démonstration bien claire et bien solide. Ceux qui le promulgaient l'ont-ils donnée? — Jamais. — La donneront-ils quelque jour? — Impossible.

J'ai beau lire et relire tout ce qu'ils ont écrit et fait écrire sur ce sujet, je ne rencontre RIEN, ABSOLUMENT RIEN qui les autorise (1) : pas un texte ancien pris dans son véritable sens; pas un argument qui ne pèche; au point que je ne trouverais pas téméraire celui qui jetterait *à tous venants* le défi de produire jamais une démonstration, je ne dis pas irréfutable, mais seulement satisfaisante, de la doctrine du rhythme indéfini. Au lieu de la donner, on déclame vaguement dans un premier chapitre, et dix pages plus loin on écrit :

« Nous avons établi que le rhythme du plain-chant était un rhythme libre et irrégulier, etc. »

---

(1) Je n'entends pas ranger parmi les arguments théoriques (les seuls dont il puisse être question ici) les suffrages vénérables dont cette doctrine a pu être appuyée de nos jours. On comprend assez qu'après eux la question d'art reste parfaitement intacte, et que le respect ne me permet pas de discuter autre chose que les théories des musicologues.

Voilà ce qui se trouve en fait de démonstrations du côté des libres-chanteurs. M. Cloet est tout aussi riche d'affirmations et sobre de preuves que ses devanciers.

Il faut être juste, ils ont tous ou presque tous trois propositions sur lesquelles s'exerce à l'envi leur rhétorique.

Première proposition. — La mélodie Grégorienne est un *discours*, elle en doit avoir l'allure *vague et indéterminée*. On la peut comparer aux récitatifs des anciens Grecs dans leurs tragédies. »

Deuxième proposition. — La *mesure*, supposant une régularité inflexible, un retour périodique et symétrique de temps forts et de temps faibles, est incompatible avec le chant Grégorien. Le P. Lambillotte met ce chant *en mesure*, donc le P. Lambillotte fait de la fantaisie, du vandalisme, « son système est radicalement faux et pernicieux. »

Troisième proposition. — La distinction que l'on trouve établie depuis six siècles au moins entre la *musique mesurée* ou l'*art mesurable*, et la *musique plane* ou *plain-chant* est un effet sans cause, une énigme inexplicable, s'il est vrai que le plain-chant ait *une mesure* (1).

Reprenons.

I. —*Le chant Grégorien est un discours*, etc.

Distinguons attentivement, je vous prie ; oui, les teneurs psalmodiques, les Oraisons, les Leçons, les Épîtres, les Évangiles, et autres pièces semblables, telles que les Préfaces, le chant de la Passion, etc., etc., sont de véritables discours, qui obéissent avant tout *aux lois d'une bonne lecture accentuée* (2). Le P. Lambillotte a redit cela sur tous les tons, sans qu'on ait daigné l'entendre : il fallait le montrer absurde. Oui, ces chants-là sont très-justement comparables à la déclamation rhythmée des anciens Grecs, et d'eux seulement on peut dire avec F. Quintilien : *Oratio non descendit ad strepitum digitorum*. Mais une mélodie Grégorienne, un *Alleluia*, un *Graduel*, un *Offertoire* comparés à un discours, à la déclamation des anciens !

On a beaucoup écrit sur le débit des anciennes tragédies grecques, les quarante premiers volumes des *Mémoires de l'Académie des Inscriptions* contiennent sur ce point d'intéressants travaux de l'abbé Vatry, de Burette, de l'abbé Arnaud. On y peut joindre les trois *Dissertations* de Barthez citées plus haut. De toutes ces pièces il résulte :

1° Que, relativement à la déclamation du dialogue (*diverbium*), les savants sont partagés sur deux questions : la première, *s'ils étaient chantés*; la seconde, si leur déclamation, au cas qu'elle fût chantée, était mélodique dans toute la rigueur du mot, ou seulement variée par les divers accents (τόνοι, προσῳδίαι,) dont nous avons perdu le secret, et qui, suivant Denys d'Halicarnasse, pouvaient porter la voix jusqu'à un intervalle de quinte; mais on est unanime à reconnaître que le chant était syllabique et *monotone*, sauf les inflexions dont j'ai parlé (3).

2° Qu'il en était tout autrement des cantiques et des chœurs lyriques divisés par strophes et antistrophes (4). Pour ceux-là on composait des mélodies musicales, dont on battait fort exactement la mesure, et ceux qui les dirigeaient tiraient de là les différents noms, de ποδόκτυποι, ποδοψόφοι, en latin *pedarii*, *podarii*, *pedicularii*. « On les appelait aussi συντονάριοι, dit Burette (5), à cause de l'uniformité, ou, s'il est
» permis de parler ainsi, de la *monotonie* du rhythme qu'ils battaient toujours à deux temps. Ils garnis-
» saient leurs pieds le plus souvent de certaines chaussures ou sandales de bois ou de fer, destinées à

---

(1) Je ne cite aucun nom d'auteur, cela n'est pas nécessaire. Ceux qui ont suivi les diverses publications relatives au chant liturgique depuis quelques années, verront bien que je ne prête rien à personne, et qu'il ne manque au bout de ces alinéa que des chiffres et des noms propres. La dernière proposition découverte d'abord par les défenseurs du plain-chant *à notes égales*, vient d'être adoptée par l'autre école contre le P. Lambillotte. On fait arme de tout en temps de guerre.

(2) Voyez l'article précédent.

(3) On aurait une image assez exacte de ces élévations et abaissements produits par les accents grecs dans l'ancienne manière de chanter l'Épître, usitée autrefois en plusieurs diocèses de France, et dont on marquait les inflexions par les signes v et ʌ.

(4) Le chœur, prenant part au dialogue comme simple interlocuteur, rentrait dans la catégorie des personnages ordinaires.

(5) *Hist. de l'Acad. des Inscriptions et Belles-lettres*, t. V, p. 160.

» rendre la percussion rhythmique plus éclatante, et nommées en grec κρουπεζία, κρούπλα, κρούπετα; en
» latin *pedicula, scabella,* ou *scabilla,* etc. »

Voilà bien deux catégories que le P. Lambillotte a très-soigneusement distinguées l'une de l'autre : les chants psalmodiques et les chants Ambrosiens ou métriques.—Les mélodies Grégoriennes proprement dites appartiennent à une troisième classe, dont nous trouverons tout à l'heure l'équivalent chez les anciens.

Maintenant je prie instamment le lecteur d'examiner de nouveau les morceaux cités aux pages 3, 4, 5, 11 et 12, ou, s'il l'aime mieux, de considérer la pièce suivante qui reproduit en notes modernes le prétendu *récitatif* des anciens. C'est le document communiqué à M. l'abbé Bonhomme par un religieux *aussi modeste qu'instruit* (1).

Si nous pouvions nous faire une idée juste d'une pièce grecque déclamée de la sorte! nous qui avons tant feuilleté nos tragiques, nous serions bien heureux de trouver enfin quelque lumière sur un point s'intéressant.

Prenons la joyeuse exclamation que pousse Philoctète lorsqu'il entend la voix d'Hercule, et représentons-nous le pauvre blessé, oubliant ses douleurs pour s'écrier, avec un rhythme vague et indéterminé :

---

(1) L'exécution est fort simple :
« Il n'y a pas de mesure. La croche est la note type; la noire vaut à peu près le double; la double croche la moitié, la blanche le triple. Le chant est coulé légèrement.... Le mouvement est *largo.* » (*Simple Réponse de M. l'abbé Bonhomme*, travail auquel M. Cloet renvoie plusieurs fois son lecteur comme à un opuscule *excellent.*

Supposons que Néoptolème lui réponde sur le chant du ℣ *Confitemini*, et que le reste de l'entretien soit du même style. On a beau dire : c'est bien invraisemblable.

Les mélodies de nos anciens Traits, Graduels et Offertoires ont de la nature du discours! Mais tout repousse en elles cette analogie. Leur union avec le texte est-elle basée sur les valeurs prosodiques des syllabes ? — Bien au contraire. — Sur l'accent ? — Pas davantage. — Sur une accentuation oratoire qui mette en relief les syllabes principales et plus significatives ? — Pas le moins du monde : le plus rapide coup d'œil jeté sur les divers morceaux déjà cités en convaincra les plus incrédules. — Que reste-t-il pour soutenir l'analogie avec l'allure du discours?—Rien autre chose que l'existence des syllabes de part et d'autre.

Encore une de ces assertions gratuites qui font leur chemin, en attendant que les générations futures s'en étonnent et les rejettent.

Deuxième principe.— *La* MESURE *supposant un retour périodique et symétrique de temps forts et de temps faibles est incompatible avec le chant Grégorien. Le P. Lambillotte* met le chant EN MESURE; *donc*, etc.

Faut-il jouer ainsi sur des mots dans une question sérieuse!

Avec les idées reçues de nos jours sur la mesure musicale, les lecteurs, entretenus complaisamment dans l'illusion, s'imaginent que le P. Lambillotte a disposé les mélodies Grégoriennes sur quelque rhythme musical, comme l'*O Gloriosa* ou le *Quid retribuam*, et qu'on les doit armer à la clef d'un ₵, d'un ⅜ ou d'un ²⁄₄; les plus sages se persuadent au moins qu'il s'agit d'une mesure à deux temps bien caractérisée par un *frappé* et un *levé*; ce qui, par parenthèse, est une détestable façon de régler les mélodies prosaïques. D'autres, tels que M. Cloet, indiquent bien de quelle manière le P. Lambillotte veut que soit battue la mesure (il faudrait dire, pour être sincère, *puisse être battue*, car il est parfaitement inutile qu'elle le soit); mais au lieu de vouloir reconnaître que cet isochronisme n'a rien de nouveau, et que cette *mesure* dont on fait tant de bruit n'est autre que la régularité de mouvement que tous les maîtres de chœur font pratiquer de temps immémorial dans nos églises, on se bouche les oreilles et l'on écrit d'inspiration, après une sortie contre LA MESURE :

« On a émis sur le plain-chant depuis quelques années bien des idées étranges (— Je n'en disconviens pas); mais selon nous, aucun système n'a été si radicalement faux et pernicieux que cette théorie du P. Lambillotte. » (p. 67).

C'est ainsi que le parti pris obscurcit les théories les plus claires. Malgré l'impression pénible que nous en ressentons, il faut aller jusqu'au bout et montrer par l'examen du troisième principe comment on joue sur le mot *mesure*; comment on confond à plaisir la régularité du mouvement, avec la *mesure musicale*.

Troisième principe. — *La distinction que l'on trouve établie, depuis six siècles au moins, entre la* MUSIQUE MESURÉE *et la* MUSIQUE PLANE *est un effet sans cause, une énigme inexplicable s'il est vrai que le plain-chant ait* UNE MESURE.

Il faut bien s'expliquer avec les termes de sa langue. — Soit par exemple une succession de notes égales (1) :

Pa- ter san-cte, mun-dus te non co-gno-vit.

Si dans l'exécution vous conservez cette égalité que les signes expriment, en donnant au silence la valeur d'une note : n'est-il pas vrai que l'on pourra en vous suivant *frapper* une série de quinze temps

---

(1) Nous supposons pour un instant que le repos garde exactement la valeur d'une *carrée* et que la dernière note de la première distinction ne subit aucune prolongation. Ce que n'a jamais demandé le P. Lambillotte.

égaux? On dira en français que vous gardez la *mesure* et que cette mesure *est battue* ou peut l'être. Il faut bien employer ce mot, à moins d'en inventer un autre; mais en l'employant il n'y faut pas attacher le sens rigoureux que nous lui donnons en musique. On sortirait très-certainement de la *mesure* du plain-chant si l'on exécutait ce passage comme il suit avec la *mesure* à deux temps.

Pa- ter san- cte, mun- dus te non co-gno- vit.

Les musiciens comprendront aisément la différence très-réelle qui sépare ces deux modes d'exécution; et surtout combien le premier laisse naturellement à la mélodie plus de liberté, d'ampleur et d'égalité que le second, rejeté à bon droit par le P. Lambillotte; surtout si l'on tient compte de la liberté accordée pour les silences, et la dernière note des distinctions.

Supposons maintenant que la première note soit doublée, que la quatrième et la onzième portent un *cephalicus* et soient *liquescentes*, que la huitième forme une *clivis* brève, la régularité de l'exécution demeure (1); mais ces deux modifications ne nous font point passer pour cela à la *mesure musicale*.

Pa- ter san-cte, mundus te non co- gno- vit.

La *mesure* demandée par le P. Lambillotte ne va pas au delà de cette uniformité d'allure parfaitement digne et convenable dans le lieu saint, mais totalement distincte des procédés de notre *musique*. Il manque à nos chants liturgiques pour supporter la *mesure musicale*, cette proportion des membres qui rend les phrases *carrées*, et donne aux temps forts et aux temps faibles des positions symétriques. Si au lieu de notre mouvement à un temps (battu ou non battu), on admettait dans nos mélodies prosaïques un *frappé* et un *levé*, on tomberait presque toujours dans un contre-sens musical insupportable. Les trois quarts des phrases paraîtraient boiteuses; on rencontrerait, en levant, les notes qu'il faut attaquer, en frappant, les sons faibles. On obtiendrait un je ne sais quoi, qui ne serait ni de la musique ni du plain-chant.

Ainsi les mélodies Grégoriennes se rattachent parfaitement à cette catégorie de chants dont nous avons parlé au chapitre premier de ce travail (2), et que les Grecs nommèrent *chants coulants*; dont l'allure était libre de toute combinaison *symétrique* de brèves et de longues, mais se réglait *à temps égaux*. Κεχυμένα ᾠδαὶ καὶ μέλη λέγεται, τὰ κατὰ χρόνον σύμμετρα, καὶ χύδην κατὰ τοῦτον μελῳδούμενα (3).

Je ne croirai jamais que M. Cloet eût réfléchi là-dessus, quand il écrivait son chapitre VIII°. J'aime mieux penser qu'on ne lui en donnait pas le temps, que de douter de son savoir ou de sa bonne foi.

Il doit comprendre après ces explications l'idée du P. Lambillotte sur la *mesure* du chant plane.

Vienne maintenant un art qui enseigne à diviser l'unité de temps en vingt-quatre parties représentées par des signes spéciaux, et l'unité de silence en un même nombre de fractions correspondantes avec leurs signes, de sorte que l'on puisse combiner et faire marcher ensemble un nombre indéfini de voix ou d'ins-

---

(1) Je suppose pour un instant sur la valeur de ces signes ce qui va être démontré tout à l'heure.
(2) Voyez ci-dessus, p. 8.
(3) Cité par M. Vincent (*Not. des man.*, p. 51, Cf. Arist. Quint. (*Meibom*, p. 32.)

truments exécutant des valeurs différentes; arriver enfin à des passages tels que celui-ci, écrit à huit parties, dans le genre des anciens contrapontistes.

(Palestrina. Messe du pape Marcel, arrangée à deux chœurs par F. Surian.)

Et cet art ne se distinguera pas du premier, leur différence de nom « sera une énigme inexplicable! » Il ne faut pas grand'chose pour embarrasser nos maîtres (1) !

La confusion n'est pas non plus possible, entre les *véritables* chants Ambrosiens, et les mélodies prosaïques à mouvement isochrone. Comme je l'ai fait observer plus haut (2), les coupes régulières et symétriques, jointes à la périodicité harmonieuse des accents donnent à celles-là un caractère tout spécial, que Gui d'Arezzo signale expressément comme leur étant propre (3). D'où vient qu'on leur appliquerait, sans les défigurer, notre mesure musicale.

M. Cloet s'est aventuré ici, à propos des mélodies Ambrosiennes, dans un argument qui pourra le mener plus loin qu'il ne pense quand nous serons arrivé au chapitre des Hymnes.

(1) On peut lire, pour avoir une idée des complications innombrables admises par les mensuralistes, la Calliopée légale du moine Hotby, dans l'ouvrage de M. de Coussemaker sur l'*Harmonie au moyen âge*.
(2) Voy. pag. 18.
(3) Ceux qui font si grand bruit de la différence établie à partir du xɪᵉ ou xɪɪᵉ siècle entre l'*art mesurable* et la *musique plane* n'ont pas réfléchi que les théoriciens antérieurs, tels que Remi d'Auxerre et Guy d'Arezzo, ont parlé fort longuement, après tous les anciens, des chants métriques et de leurs règles. Il faut évidemment que l'art mesurable des siècles postérieurs formât une théorie infiniment plus compliquée que celle des proportions *double*, *triple*, *hémiole*, etc., pour qu'il apparût comme une nouveauté, même après tant d'écrits sur les différentes mesures.

Que reste-t-il maintenant en dehors des trois principes dont on vient de voir la fausseté? Des arguments de surcroît, des autorités peut-être? Cherchons bien.

Argument tiré de la psalmodie. — Contre la régularité ou la *mesure* dans le plain-chant, M. Cloet développe un argument tiré de la psalmodie. Malgré la profonde vénération que nous inspire celui qui paraît l'avoir suggéré au critique, nous oserons soutenir la contradictoire.

« Comment procède la psalmodie? le chant y roule presque constamment sur une note brève, qu'on
» rehausse çà et là par une longue, suivant l'exigence des mots ; on suspend par des repos plus ou moins
» fréquents cette série de sons qui se trouve ainsi partagée en phrases et périodes : telle est la marche du
» chant psalmodique. Elle est essentiellement libre, vague, indécise. »

« Le prototype du rhythme Grégorien est là. En introduisant peu à peu dans les assemblées saintes des
» chants plus chargés de notes, on a pris soin *très-ordinairement* de leur donner ce cachet propre aux
» mélodies chrétiennes ; on en a modelé le rhythme sur la marche des chants psalmodiques; on y a
» reproduit cette suite irrégulière de longues et de brèves, cette succession inégale de phrases qu'on cou-
» pait par des repos plus ou moins suspensifs, et qu'on enchaînait pourtant l'une à l'autre, de manière à
» constituer un tout harmonieux et complet. Ainsi s'est formé le rhythme Grégorien, et c'est seulement
» en le comparant à cette marche indécise des Psaumes qu'on peut se rendre compte de son origine et
» comprendre sa nature. » (*Remarques crit.*, p. 68.)

Tout ceci est fort beau, mais la moindre petite preuve à l'appui ferait bien mieux l'affaire du lecteur. Jamais on ne montrera, ni par l'histoire, ni par la comparaison des deux espèces de chant, en vertu de quelle métamorphose le dérivé s'est depuis douze siècles trouvé si différent du primitif. La divergence était déjà complète avant saint Grégoire ; car saint Isidore (*De Offic. div.*, c. 7) nous apprend que l'ancienne psalmodie ressemblait plus à une récitation qu'à un véritable chant ; et si le grand restaurateur des mélodies liturgiques n'a fait que centoniser des chants existants avant lui, il a dû trouver les Introïts, les Graduels, etc., arrivés déjà à une richesse mélodique bien éloignée de la psalmodie. Si l'on veut en effet prendre la peine d'étudier ces morceaux tels qu'il nous les a transmis, on ne se décidera jamais à croire que les formules psalmodiques aient jamais pu s'épanouir jusqu'à un tel luxe de modulations. L'Introït *Puer natus est*, par exemple, serait sorti du septième ton des Psaumes? Les étymologistes les plus inventifs n'ont rien imaginé de plus merveilleux. Vous savez l'épigramme du chevalier de Cailly sur Ménage.

> *Alfana* vient d'*Equus*, sans doute ;
> Mais il faut avouer aussi
> Qu'en venant de là jusqu'ici
> Il a bien changé sur sa route.

Quant au titre de *Psalmiste* donné aux chantres, faut-il être bien habile en grammaire pour voir qu'il ne prouve absolument rien? On conclurait de la même manière, que les ψάλμοι du temps de Périclès étaient des Psaumes, et ceux qui les chantaient, des choristes d'église. Le savant critique assure pourtant que dans sa doctrine « tout s'explique » à merveille. L'explication est encore tellement difficile que je la donnerais en cent à tous les lecteurs. Quant à moi, je n'y comprends absolument rien.

Les didacticiens. — Nous serons peut-être plus heureux avec les didacticiens du moyen âge : TOUS tiennent pour le rhythme vague et indécis, assure M. Cloet, p. 70, « spécialement l'auteur de l'*Instituta Patrum*,
» Gerb. *Script.*, t. I, p. 6), Gui d'Arezzo (*Ibid.* II, 16), Bernon d'Auges (*Ibid.* 77), Hucbald de Saint-
» Amand (*Ibid.* 182-226). Pour eux comme pour nous, GARDER LE RHYTHME, C'EST OBSERVER LES LONGUES
» ET LES BRÈVES, RENDRE SENSIBLES LES DISTINCTIONS ET MARQUER LES REPOS : *rien de plus*, rien de moins. »

De là le rhythme vague et indéfinissable ! ! !

« Ces auteurs, il faut l'avouer, ajoute le critique, sont souvent un peu obscurs. » — Mais ils déposent clairement sans doute en faveur de l'indéfini, car votre affirmation et notre sentence n'ont certes rien de dubitatif.

Allons aux sources. Notre marche est toute tracée : on nous indique même les pages.

I. — L'auteur de l'*Instituta Patrum* (Gerb. *Script.*, I, 6).

La page indiquée ne contient PAS UN MOT DE BRÈVES NI DE LONGUES; on y voit que, DANS LA PSALMODIE, il faut s'arrêter tous ensemble à la médiante et terminer ensemble le verset (1).

Je défie M. Cloet de tirer de cette page et de la suivante un seul mot en faveur de sa thèse.

II. — Gui d'Arezzo (*Ibid.* II, 16).

La page indiquée contient le fameux passage sur les chants métriques : « *Oportet ergo ut more versuum distinctiones æquales fiant*, etc. » En fait de rhythme indéfini on y trouve ce passage : « *Item*, pour que
» l'on termine en même temps les parties et les distinctions de la mélodie et du texte, il ne faut point
» faire de longue tenue sur les syllabes (ni sur les notes) brèves et ne point abréger les longues : cela défi-
» gure le chant (2). »

Donc Gui d'Arezzo enseigne que le chant Grégorien est essentiellement vague et indécis dans son rhythme !

III. — Bernon d'Auges (*Id. ibid.*, 77).

Ici non-seulement M. Cloet n'a rien pour lui, mais il va trouver un passage qui le condamne plutôt qu'il ne l'autorise. Les lignes qu'il invoque sont sans doute celles-ci, tout aussi concluantes que les précédentes citations en faveur du rhythme vague.

« *Idcirco, ut in metro, certa pedum dimensione contexitur versus, ita apta et concordabili brevium longorumque sonorum copulatione componitur cantus.* »

Je passe le *concordabili* dont on pourrait peut-être tirer quelque chose contre M. Cloet, pour aller tout de suite à l'autre texte.

« Il ne faut point écouter ceux qui prétendent qu'il *n'existe absolument aucune règle*, d'après laquelle
» dans un chant *bien nombré*, les durées soient tantôt plus longues, tantôt plus courtes. »

Neque audiendi sunt, qui dicunt sine ratione omnino consistere, quod in cantu aptæ numerositatis, moram nunc velociorem, nunc vero facimus productiorem.

Ces docteurs qui ne veulent pas de règle, et qu'il ne faut point écouter, ne seraient-ils pas les défenseurs du rhythme « libre et indécis, » qui ne veulent entendre parler ni de temps ni de valeurs déterminées ?

IV. — Hucbald de Saint-Amand (*Ibid.*, p. 182-226).

Page 182. — M. Cloet se trompe de volume : c'est un chiffre oublié par le *correcteur des épreuves* : car le second tome de Gerbert ne contient pas un mot d'Hucbald de Saint-Amand. Donc, t. I, p. 182, que lisons-nous ?

D. *Quid est numerose canere* (3) ?

M. *Ut attendatur ubi productioribus, ubi brevioribus morulis utendum sit. Quatenus, uti quæ syllabæ
breves quæ sunt longæ, attenditur ; ita qui soni producti quique correpti esse debeant, ut ea, quæ « diu,
» ad ea quæ non diu legitime concurrant, ET VELUTI METRICIS PEDIBUS CANTILENA PLAUDATUR. Age canamus
» exercitii usu ;* PLAUDAM PEDE EGO IN PRÆCINENDO, TU SEQUENDO IMITABERE. »

L'ÉLÈVE. — Qu'est-ce que chanter avec nombre ?

Le Maître. — Chanter avec nombre c'est observer les durées plus ou moins longues des notes. De même que l'on a soin de distinguer les syllabes longues des syllabes brèves, de même dans le chant, on doit observer les sons prolongés et ceux qui ne le sont pas, et combiner si bien les notes rapides avec les

---

(1) On me pardonnera de ne la point citer. Tout le monde peut trouver les *Scriptores* de Gerbert et se convaincre de ce que j'avance. Il ne tiendrait pas à M. Cloet que je n'écrivisse un volume in-f°.

(2) Item ut in unum terminentur partes et distinctiones neumarum atque verborum, nec tenor longus in quibusdam brevibus syllabis, aut brevis in longis sit...

(3) Ce passage est traduit et discuté dans l'*Esthétique*, p. 281.

tenues, que la MESURE PUISSE ÊTRE BATTUE aussi bien que dans les chants métriques (1). « Faisons cet exercice : je frapperai du pied en chantant le premier, tu me suivras en m'imitant : »

L'exemple choisi est une *Antienne*.

Page 226. — Le passage auquel nous renvoie M. Cloet le contredit trop bien et nous justifie avec trop d'évidence pour que nous ne le citions pas en entier. Le voici en français : nous en donnons le texte en note (2).

« Au reste, dit Hucbald, on doit s'appliquer avant toute chose à ce que la mélodie soit exécutée avec
» une grande régularité de mesure : car dès que cette régularité manque, la mélodie *est privée de sa prin-*
» *cipale prérogative* : *Præcipuo suo privatur jure;* elle est frustrée de sa perfection légitime : *Legitima*
» *perfectione fraudatur.* Sans égalité de mouvement, le chœur s'embrouille dans une confusion discor-
» dante ; nul ne peut s'accorder avec qui que ce soit dans un chant d'ensemble, ni même bien exécuter
» un solo. Le Créateur a voulu que toute beauté qui frappe nos yeux ou nos oreilles consistât dans la
» régularité (la symétrie), parce QU'IL A TOUT FAIT AVEC POIDS, NOMBRE ET MESURE.

« » Que l'inégalité ne vienne donc pas vicier les saints cantiques. Prenons garde que par moments un
» *neume,* un *son* ne soit allongé ou précipité indécemment ; que par négligence on ne chante la fin d'un
» *Répons* ou de tout autre morceau en traînant plus qu'au début. Que les notes brèves ne soient pas plus
» retardées qu'il ne convient aux brèves; mais QUE TOUTES LES LONGUES SOIENT ÉGALEMENT LONGUES, LES
» BRÈVES ÉGALEMENT BRÈVES, excepté à la fin des distinctions dont les repos doivent être marqués avec un
» grand soin. »

Ajoutons de notre chef, pour compléter M. Cloet, les paroles d'Hucbald, à la fin du même chapitre (p. 228:)

« Cette régularité dans le mouvement du chant est appelée *rhythme* par les Grecs et *nombre* par les
» Latins; car il est certain que *toute mélodie doit avoir sa mesure ;* les chants métriques ont la leur :
» QUOD CERTE OMNE MELOS, MORE METRI, DILIGENTER MENSURANDUM SIT. »

» Que les maîtres dans les écoles inculquent de bonne heure à leurs élèves cette manière de chanter ;
» que dès leur plus jeune âge les enfants soient formés à la pratique de cette *égalité de mesure,* autre-
» 'ment dit de ce *nombre;* qu'on les y exerce en leur FAISANT BATTRE LA MESURE soit avec le pied, soit avec
» la main, soit par quelque autre moyen de percussion propre à marquer le nombre (3). »

Voilà donc le premier et le meilleur didacticien du IXᵉ siècle qui, avant le P. Lambillotte, a revêtu les saintes mélodies de la robe empoisonnée du centaure Nessus, « *et même,* qu'on nous pardonne le mot, *leur a fait* MARQUER LE PAS. »

On n'est pas plus malheureux en citations que M. l'abbé Cloet. J'aime à croire que, n'ayant pas sous la main, dans son presbytère, tous les auteurs qu'il a cités, il a été trompé par quelque faux ami ; mais alors pourquoi se donner une mission comme celle qu'il a choisie? Tout cela est bien triste ; et si je n'avais à remplir un devoir sacré en disculpant surabondamment un homme qui ne peut plus maintenant faire autre chose que prier au ciel pour les ennemis de son œuvre, je laisserais le temps faire justice de l'opuscule incroyable dont il me faut cependant achever l'analyse.

---

(1) Donc ce n'est pas des chants métriques qu'il s'agit dans ce passage.

(2) De cætero ante omnia sollicitius observandum, ut æqualitate diligenti cantilena promatur; qua utique si careat, præcipuo suo privatur jure, et legitima perfectione fraudatur. Sine hac quippe chorus concentu diffunditur dissono, nec cum aliis concorditer quilibet cantare potest, nec solus docte. Æquitate plane pulchritudinem omnem nec minus quæ auditu, quam quæ visu percipitur, Deus auctor constare instituit, quia in mensura, et pondere, et numero cuncta disposuit.

Inæqualitas ergo cantionis cantica sacra non vitiet, non per momenta neuma quælibet aut sonus indecenter protendatur aut contrahatur, non per incuriam in uno cantu, verbi gratia, responsorii vel cæterorum, segnius quam prius protrahi incipiatur. Item brevia quæque impeditiosiora non sint, quam conveniat brevibus. Verum omnia longa æqualiter longa, brevium sit par brevitas, exceptis distinctionibus, quæ simili cautela in cantu observanda sunt.

(3) Quæ canendi æquitas rhythmus græce, latine dicitur numerus : quod certe omne melos more metri diligenter mensurandum sit. Hanc magistri scholarum studiose inculcare discentibus debent, et ab initio infantes eadem æqualitatis sive numerositatis disciplina informare, inter cantandum aliqua pedum manuumve, vel qualibet alia percussione numerum instruere.

Je ne dirai plus qu'un mot sur les didacticiens, pour ne pas recommencer *ab ovo* une thèse qui me conduirait trop loin.

En lisant les auteurs grecs et latins qui ont écrit sur la musique, on est frappé de l'unanimité avec laquelle ils mentionnent le *nombre* et la *mesure* comme des parties intégrantes et nécessaires de la musique. Les Grecs, avec l'extrême sensibilité de leurs organes, cherchent à retrouver le rhythme jusque dans le discours parlé. Parmi les Latins, élèves des Grecs, saint Augustin, saint Isidore, Martianus Capella, le vénérable Bède, Remi d'Auxerre, etc., nous montrent le rhythme et la mesure comme étant l'âme du chant. *Omnis musica numero constat*, dit ce dernier (1). Partout il est question de *brèves* d'un *temps*, de *longues* de deux *temps*, etc. C'étaient là des choses que n'ignoraient pas les enfants eux-mêmes : *Longam esse duorum temporum, brevem unius, etiam pueri sciunt*, dit Quintillien (2).

Enfin Hucbald de Saint-Amand enseigne formellement que l'on doit pouvoir *battre la mesure*, que telle est la condition de l'ensemble, et, pour exemple, il choisit une *antienne*. M. Cloet connait bien ce passage. Pourquoi déclare-t-il que TOUS les didacticiens se bornent à recommander l'observation des longues et des brèves et celle des repos, RIEN DE PLUS, *rien de moins?*

La distraction est bien forte.

Mais dit-on, le *rhythme*, à la différence du *mètre*, prolonge à son gré les syllabes. *Rhythmus ad libitum trahit tempora*. Oui. Mais suit-il de là qu'il les prolonge sans leur conserver quelque rapport avec l'unité de temps ?

Le traité de rhythme que j'ai déjà cité résout la question à merveille ; il attribue aux rhythmiciens des longues de *deux temps*, de *trois temps*, de *quatre temps* : Μακρὰ δίχρονος, τρίχρονος, τετράχρονος. Je ne rencontre nulle part de donnée rhythmique fondée sur des *à peu près*. Aussi voyons-nous que les neumatistes du moyen âge et les traducteurs des neumes en points ou en notes carrées n'ont guère trouvé de moyen plus simple de doubler, de tripler une note que de répéter deux, trois fois le même signe. On n'ajoute pas de la sorte des *à peu près*.

Reste l'objection tirée des définitions du *plain-chant*, si souvent alléguées par les défenseurs de l'exécution *à notes égales*. On la trouvera discutée dans le troisième chapitre de ce travail, ainsi que les textes empruntés aux auteurs des traité de *Musique mesurée*. Cette objection n'est pas de M. Cloet. Mais si elle a quelque force c'est contre lui et non contre le P. Lambillotte.

Passons à une autre démonstration plus importante que toutes les autres, en ce qu'elle justifie le système du P. Lambillotte dans la *traduction des neumes au point de vue de la mesure*, et détruit la grande et solennelle affirmation de M. Cloet, qui prétend trouver dans les signes neumatiques l'éclatante justification du rhythme vague et indécis, indéfini et indéfinissable.

§ II.

Après avoir affirmé, avec la puissance de logique dont nous venons d'avoir la preuve, que le rhythme du chant Grégorien est essentiellement libre, vague, indécis, comme celui du discours, M. Cloet ajoute, page 70 :

« Tel est, en effet, le rhythme que la traduction des anciens monuments nous a révélé ; et c'est là, *pour
» nous, un argument d'une force irrésistible* (3). Le rhythme, pour emprunter une expression à la dyna-
» mique, c'est une résultante composée par les durées relatives que portent les sons divers d'une mélodie.
» Notre résultante est certainement exacte, puisque notre interprétation des neumes est de tout point

---

(1) Gerb. *Script.* I, 80.
(2) Instit. orat. IX, 4.
(3) Il faut en général se défier des superlatifs. Nous verrons tout à l'heure que celui-ci ne fait pas exception.

» conforme aux enseignements des anciens maîtres : donc notre rhythme présente lui-même une exactitude incontestable. A défaut d'autres raisons, cette preuve de fait suffirait pour réduire à néant les plus
» beaux raisonnements des novateurs. »

Quand on soutient la doctrine du rhythme vague et indéfinissable, on ne tire point ses comparaisons des mathématiques. Qu'est-ce qu'une *résultante de durée* dont les *composantes* sont des valeurs indécises ? En langage vulgaire c'est un fantôme insaisissable, ou, pour parler la langue dont se sert M. |Cloet, c'est une *indéterminée*, autrement : $\frac{0}{0}$. Or le rhythme qu'il a trouvé est cette résultante. Je lui laisse tirer la conclusion.

Pour nous faire mieux comprendre mettons sous les yeux du lecteur les unités par lesquelles cette résultante est composée :

« 1° La brève ■, qui indique les sons d'une durée et d'une force *ordinaires* ;
» 2° La longue ♩, qui représente les sons accentués, c'est-à-dire *plus longs* et plus forts ;
» 3° La très-longue ■■, qui détermine les sons *relativement très-longs* et très-forts des notes doubles
» ou des tenues ;
» 4° La très-brève ♦, qui exprime les ports de voix, etc. » (*Rem. crit.*, p. 13.)

Ici la pureté de la doctrine du rhythme vague n'est aucunement altérée par les expressions de *temps* et de *mesure*. On ne parle pas même de valeurs *à peu près doubles, à peu près triples*. L'indéfini reste pur. On doit donc combiner, pour obtenir la résultante cherchée :

1° Des sons d'une durée ordinaire ;
2° — plus longs ;
3° — relativement très-longs ;
4° — très-brefs.

$\left.\right\}$ *Résultante* : l'indéfini, $\frac{0}{0}$

Si la dynamique procédait de la sorte, où en serions-nous (1) ? Mais, grâce à Dieu, cette doctrine est fausse en musique comme en dynamique. Nous allons essayer de le démontrer par une série de propositions sommaires, ou, si l'on veut, de théorèmes sur la traduction des neumes, au point de vue de la mesure.

Quelques observations préliminaires sont indispensables pour éclaircir ce qui va suivre.

I. — Cette partie de notre travail répond aux paragraphes 3°, 4°, etc., du v° chapitre des *Remarques critiques*, dans lequel M. Cloet attribue au P. Lambillotte des traductions multiples, contradictoires, quelquefois même absurdes, de certains signes neumatiques. On comprend que pour suivre le savant critique dans cette longue série d'affirmations sans preuves, il nous faudrait écrire un volume. Encore s'il eût pris soin de faire graver le passage neumé, de mettre au-dessous la traduction incriminée, nous aurions pu, comme nous l'avons fait pour ses autres citations, montrer qu'ici il nous prêtait une forme séméiologique que nos livres ne contiennent jamais, à moins d'une faute d'impression : là, qu'une pénultième brève avait dérangé la disposition rhythmique ; plus loin, qu'il prenait un signe pour un autre et prêtait au P. Lambillotte une fausse traduction là où il n'y avait pas de traduction ; qu'il s'arrêtait à sa propre manière d'entendre le Graduel de Saint-Gall quand cette interprétation était modifiée par d'autres monuments plus clairs et presque aussi respectables dont il n'avait aucune connaissance ; enfin, qu'il ne tenait aucun compte des accidents de position, l'une des causes les plus fréquentes de modifications dans

---

(1) Que dirait de nous, M. Cloet, si, de même qu'il propose sa théorie à tout le clergé de France, nous proposions à nos élèves de mathématiques le problème suivant :

On attèle quatre chevaux à une pierre d'un poids *quelconque*. Le premier, *d'une force ordinaire*, tire droit devant lui ; le second, plus fort, tire plus à gauche ; le troisième, *relativement très-fort*, tire dans une direction relativement très-oblique ; le quatrième, *très-faible*, tire comme il peut.

On demande la résultante *exacte* du mouvement, en direction et en vitesse.

Si du moins on disait à l'élève que ces forces plus grandes et relativement plus grandes sont *à peu près* doubles, *à peu près* triples les unes des autres, ils essaieraient peut-être la mise en équation.

la traduction des signes (1). Le moindre usage des manuscrits démontre, en effet, que plusieurs signes demeuraient sans altération de formes tandis que leur position à la fin d'une incise, ou même au commencement d'un morceau, réclame impérieusement une modification dans leur valeur. C'est aux bonnes traductions en notes carrées, et surtout à ce tact que procure une longue étude, qu'il faut avoir recours en pareil cas. Mais M. Cloet frappe à tout hasard sur la version du P. Lambillotte, sans s'apercevoir qu'il n'a pas sous la main ce dont il aurait besoin pour frapper juste.

II. — J'ai dit dans la Préface du *Graduel* (2) quel moyen l'auteur avait employé pour la collation et la vérification du plus grand nombre possible de manuscrits, d'une manière utile à son œuvre. Il faut bien le répéter ici. On croirait, en suivant l'argumentation de M. Cloet, qu'il n'a pas lu cette préface tout entière.

Le premier soin du P. Lambillotte fut donc de chercher, pour en faire la base de son texte mélodique, une bonne version du XIIIe siècle en notes carrées, avec toutes les ligatures et les signes de cette époque. Après diverses collations, il s'arrêta sur des livres, Antiphonaires et Graduels, appartenant aux religieux Prémontrés d'Éverbode, près Diest en Belgique, et qu'ils mirent généreusement à sa disposition. Il en fit faire une copie dans un volume interfolié de papier blanc, marqua au-dessus des portées les lettres significatives de Romanus, trouvées dans les manuscrits 359, 338, 388, 390, de Saint-Gall, et dont il devait plus tard compléter la série à l'aide des manuscrits de Laon et de Trèves. Il fit transcrire en outre avec le plus grand soin, et en très-grande partie, quatre manuscrits de l'antique abbaye de Murbach : un neumé sans lignes, deux neumés sur lignes, et le quatrième, traduction des précédents, en notes carrées du XIII ou XIVe siècle (3). Après avoir fait une première comparaison de son texte des Prémontrés avec les autres manuscrits dont j'ai parlé et modifié en conséquence un grand nombre de passages ; après avoir (je le regrette) découpé la plupart de ses calques pour mettre en regard les différents textes liturgiques, suivant l'ordre du temps, il repartit muni de ces pièces pour explorer les bibliothèques de l'Europe, noter les variations, et recueillir du nouveau. Une chose que je déplore plus que personne, et que je n'entends point cacher, c'est qu'en faisant sur son livre interfolié les corrections autorisées par les nouveaux monuments découverts, il négligeait trop le soin d'en marquer la provenance. Il se fiait sur sa mémoire et ne songeait pas qu'à peine sa tombe fermée, un de ses frères aurait à défendre son œuvre. Aussi bien qu'il puisse m'être difficile et même impossible de dire précisément en tel ou tel cas particulier, par quel manuscrit est autorisée telle leçon suivie, il reste en faveur de sa légitimité une présomption, disons mieux une convic-

---

(1) On trouvera par exemple très-souvent un *climacus* •. terminant un membre de phrase, ou même un morceau. On trouvera encore un *Epiphonus* ou une clivis brève à la fin d'un membre de phrase : ce qui supposerait dans les principes de M. Cloet une période finissant ainsi : [musical notation] ou bien un trait de ce genre : [musical notation] ce qui est inadmissible et incompatible avec la doctrine des maîtres sur les distinctions et les repos. Il est clair qu'il faut écrire en pareil cas suivant la longueur du trait qui s'achève : [musical notation] ou [musical notation] et de même [musical notation] ; ainsi font les meilleures traductions en notes carrées. Quoi! tandis que les didacticiens nous répètent sans cesse qu'une foule de détails d'exécution se transmettaient de vive voix sans s'écrire, il faudra qu'une imitation servile fasse passer dans nos notations plus exactes, des formes qui eussent fait rire les anciens?

(2) Attamen ne unus aut alter codex, uniusve provinciæ usus, fidem facere videretur, peregrinationem per Europam fere omnem institui, ut bibliothecas, monasticas maxime, scrutaretur. Exscriptum igitur sibi per amanuensem Præmonstratense Antiphonarium, vacuis interpositis paginis, secum gestare, cum probatis exemplaribus conferre, similia confirmare, discrepantia notare, nova colligere, locorum traditiones investigare. Quem porro pulverem non excussit, quem non movit lapidem, ut primævi cantus arcana detegeret! Ubique in monasteriis grato exceptus hospitio, ad secretiora bibliothecarum introductus, non inspicere tantum potuit cuncta, sed transcribere et commodata sæpe auferre.

(3) M. Cloet ne lui reprochera pas cet éclectisme, car à la page 22 de son opuscule, après avoir donné une série de morceaux comme traduits du ms. 359 de Saint-Gall, il ajoute :

« Quelque excellentes et supérieures que soient ces mélodies, nous sommes convaincu qu'en comparant les variantes de différents siècles et de
» provenances diverses, qu'en appliquant prudemment la méthode éclectique, on reconstruirait un chant plus parfait. »

tion qui, j'ose le dire, pèsera toujours un peu plus dans l'opinion des hommes éclairés, que les *remarques* de ceux qui n'ont pas eu à leur disposition les mêmes ressources que lui.

III. — M. Cloet me fait tout autre que je ne suis, en me prêtant le mot si connu des disciples de Pythagore (1). Sans doute je ne verrai jamais aucune raison plausible de suspecter le témoignage d'un homme dont l'expérience et la piété me garantissent l'exactitude ; cependant cette sécurité ne m'a point fait négliger l'étude et les recherches, au point que je ne sois tout prêt à rendre compte de mes convictions : M. Cloet pourra remarquer que, dans ce court examen de son livre, j'en appelle à d'autres autorités qu'à celle du *maître*. Il n'a donc rien fait contre l'œuvre que je défends, en alléguant tel et tel passage, écrit autrefois par le P. Lambillotte. Dans une science toute nouvelle qu'il explorait un des premiers, ce religieux artiste n'a pas tout aperçu du premier coup d'œil. Il s'est trompé, par exemple, dans son travail préliminaire sur l'*unité dans les chants liturgiques*, en prenant le trait qui surmonte parfois la *clivis* ✗ pour un signe de brièveté. Presque toujours c'est le contraire : il l'a reconnu depuis ; et c'est pour remplir ses intentions que j'ai fait mettre un carton à la page 81, de l'*Esthétique*, où cette faute avait été reproduite d'après l'ancien autographe, et maintenue mal à propos, jusqu'au bout de l'édition, par un grave oubli de ma part. M. Cloet, si industrieux à saisir les défauts en matière de neumes, aurait bien pu saisir celui-là, au lieu de tirer un argument de ce malheureux *c* renversé qui surmonte la *clivis*.

Venons maintenant à nos théorèmes, et montrons, par l'interprétation des principaux signes neumatiques, la légitimité du système de notation et de mesure suivi dans nos livres liturgiques, et par là, celle des différentes formules qui constituent la *Forme Grégorienne*. C'est la réponse la plus générale, mais la plus solide aux objections de M. Cloet contre les *traductions* du P. Lambillotte.

PROPOSITION I.

Il n'est pas exact d'affirmer, après Élie de Salomon (2), que les diverses figures données aux notes dans les livres de chant des XIIIe, XIVe, XVe et XVIe siècles (notation carrée) ne sont telles que pour la beauté calligraphique du manuscrit, et n'indiquent aucune modification dans la mesure des sons.

On ne peut attribuer à une fantaisie de calligraphe des formes qui ont évidemment pour but de reproduire avec toute la fidélité possible les anciennes neumations, et leur correspondent dans tous les manuscrits d'une manière constante. Or ce fait ne peut être nié par quiconque a tant soit peu collationné les manuscrits neumés, avec ceux en notes carrées. Les passages suivants aideront à saisir cette proposition.

Bénédictins de Murbach. XIe siècle.   Id. XIIe siècle.   Man. 904 (anc. fonds) Bibl. imp. It. Grad. imprimé de Narbonne, etc, etc.

---

(1) La citation qu'en fait notre auteur porte un cachet d'érudition qui n'est pas sans mérite.

« On éprouve un vif regret... que le P. Dufour se soit borné à redire ce mot qui était, pour les disciples d'une certaine école, la suprême » raison : Αὐτός ἔφη (sic), le maître l'a dit (*Dictionnaire du P. Feller, au mot* PYTHAGORE). »

Feller aura peut-être pris ἔφη pour une enclitique ! On en découvre tous les jours de nouveaux.

(2) Et etiam vix dignantur aliquotiens pedem suum facere de cantu plano (sc. sequi cantum planum), anticipando, festinando, retardando et male copulando punctos, ex quibus effectus scientiæ organizandi completur : Quia fortasse vident punctos taliter paratos : *Hoc autem factum est ad decorem et honestatem positionis punctorum, non ad cantandum ut videntur.* » El. Salom. ap. Gerb. *Script.* III, 17.

— 42 —

Neumes de S. Gall.
Traduction carrée dans
tous les cas semblables.

Si je croyais la chose contestable, je multiplierais les exemples; mais cette correspondance fidèle des deux notations est un fait plus clair que le jour. Que l'on continue cette collation sur tel nombre de manuscrits que l'on voudra, on trouvera presque toujours les mêmes formes de ligatures correspondant aux mêmes neumes, et cela dans des pays et à des époques fort éloignés les uns des autres. La calligraphie, pure affaire de goût, n'eut jamais un pareil caractère d'universalité (1).

Corollaires. — 1° Il faut donc regarder l'assertion d'Élie de Salomon comme une exagération qui n'a rien d'étonnant dans un pareil auteur. L'introduction qui la renferme est d'une emphase qui touche au ridicule, et montre dans son auteur plus d'exaltation que de savoir (2). On conçoit d'ailleurs comment en certains lieux les bonnes règles avaient pu être oubliées, relativement aux formes d'exécution que la notation carrée n'exprimait pas, tels que les séries ascendantes et descendantes, et les ornements : c'en était assez pour que des réformateurs adoptassent comme un remède suprême l'égalité totale des sons. Enfin cette doctrine était trop favorable aux amateurs de contre-point pour qu'ils songeassent à la combattre. Au reste il n'est pas évident que telle fût la doctrine d'Élie de Salomon (3).

2° Il est très-légitime de tirer des anciennes notations carrées des renseignements sur la véritable valeur des neumes, et réciproquement.

3° Il y a même d'excellentes données à recueillir des écrivains qui ont traité de la *musique mesurée* : car en adoptant pour les ligatures, par exemple, certaines formes reçues dans le chant plane, ils ne paraissent point en avoir inventé les valeurs. C'est ainsi que Francon de Cologne, après en avoir signalé quelques-unes, ajoute que, dans leur *valeur*, elles suivent l'usage reçu pour les ligatures : *In valore, usum sequuntur ligaturarum* (4).

4° Enfin Dom Jumilhac, en répétant l'assertion combattue ici, l'appuie d'un témoignage respectable, mais ne l'empêche point d'être ce qu'elle est : c'est-à-dire erronée.

PROPOSITION II.

Le signe neumatique (Virga ╱ ╲ ⌠ ╱ ∧ ⌠ ℓ *et* Punctum-) *que les anciennes traductions en notes carrées ont rendu par la note brève ou commune* (■ *et* ♩ *suivant les manuscrits*) (5), *peut être considéré comme l'unité de temps, toujours sensiblement égale à elle-même dans le cours des phrases mélodiques.*

Il ne s'agit point ici de la Psalmodie et des chants qui participent du discours.

1° Supposons que cette *unité* de temps n'existe point; la mélodie Grégorienne retombe dans le rhythme *vague, indécis, insaisissable,* chose absurde, comme il a été démontré plus haut. On devra en outre dire à l'élève, pour lui donner la notion de la valeur respective des notes, que cette *commune* ■, comparée à la double carrée ■■, représente un son d'une *durée ordinaire,* en comparaison d'un autre *relativement très-*

---

(1) Le transcripteur récent du manuscrit de Montpellier a fort bien insisté sur ce point dans la préface qu'il a placée en tête de sa copie.
« C'est, dit-il, p. 71, dans les manuscrits, notés en plain-chant depuis le xi⁰ siècle jusqu'au xvi⁰, qu'il faut aller chercher *quant à la forme,* la
» véritable équivalence des neumes. » Et un peu plus bas : « Les anciens n'auraient pas donné à un même groupe de notes liées différentes
» formes de ligatures, si une seule avait suffi : en sorte que l'on est autorisé à dire, même *à priori,* que cette diversité de formes implique des dif-
» férences dans l'exécution. »
(2) Je ne doute pas qu'après avoir achevé ce morceau (Gerb. *Script.* III, 16 et 17), le lecteur ne se range à l'avis de Gerbert : « *Inficetam equi-
dem hanc* scientiam artis musicæ... *nihilominus edendam existimavimus, quod hinc inde quædam contineat haud contemnenda ad institutionem
cantus ecclesiastici illius ævi :* Tout ridicule que soit ce traité d'Elie de Salomon sur la science musicale, nous avons cru devoir l'éditer, parce
qu'il contient çà et là de bons renseignements pour l'étude du chant ecclésiastique à son époque. »
(3) Voir l'Appendice, § IV⁰.
(4) Gerb. *Script.* III, 7 2⁰ col.
(5) Il est impossible de tout dire dans l'énoncé d'une proposition. On sait que dans tel manuscrit (v. g. le n⁰ 904 Bibl. Impér.), tout son isolé
porte une note caudée, à l'imitation des notations neumatiques qui mettent en pareil cas une *virga ;* Tel autre (v. g. le manuscrit de Murbach

long : ce qui revient à ne lui rien apprendre du tout ; et la musique cesserait d'être une science, si elle était réduite à de pareilles données.

Hucbald de Saint-Amand, le meilleur théoricien du ixe siècle, demande avec instance, dans les passages cités plus haut, que *l'inégalité du mouvement ne dénature jamais les saints cantiques*. Il veut que toutes les longues de même figure soient égales en durée, et ainsi des brèves, excepté *à la fin des distinctions*, où les théoriciens admettent une courte prolongation et un léger repos. Or cette théorie est inexplicable et inadmissible s'il n'existe pas d'unité temporaire, et si cette unité n'est pas *sensiblement égale* à elle-même ; donc, etc.

Nous disons *sensiblement égale*, parce que l'égalité mathématique, que l'on obtiendrait au métronome, n'est pas nécessaire pour l'ensemble dans un chant à l'unisson, composé de valeurs très-peu variées. Or l'égalité des valeurs ayant surtout pour but de favoriser à l'ensemble, il lui suffit d'une approximation que la pratique détermine aisément.

2° Des signes identiques indiquent l'identité des choses signifiées, à moins d'une convention contraire. Or ni dans la théorie, ni dans la nature des choses on n'aperçoit la trace d'une convention, d'après laquelle la note *commune* des chants prosaïques gardant même figure, aurait diverses valeurs dans un même membre de phrase ; nous devons donc conclure qu'elle y conserve toujours la même durée.

COROLLAIRES. — 1° Cette note unité peut donc être évaluée par un *temps* plus ou moins long, suivant le mouvement général du morceau qui la contient, et battue régulièrement avec la main ou avec le pied, s'il est nécessaire pour l'ensemble.

2° Elle peut être aussi divisée en deux parties formant chacune un *demi-temps* ; elle pourrait l'être aussi en un plus grand nombre de fractions ; mais la musique plane n'évalue pas strictement les divisions inférieures.

3° Elle peut être aussi ajoutée à elle-même tel nombre de fois qu'il plaira au compositeur.

4° Si une mélodie est composée de cette unité, ou de ses multiples, ou de ses divisions réunies en nombre équivalent à l'unité, cette mélodie pourra avoir son mouvement réglé par une série de temps égaux.

PROPOSITION III.

La note de passage, ou port de voix, jointe à la note commune, dans le cephalicus, ou plique descendante ♮ ♮ ♩ ♩ ♩ ♩ ♩ ♩, *et dans l'epiphonus, ou plique ascendante* ♩ ♩ ♩ ♩ ♩ ♩ ♩, *forme avec elle une formule renfermée dans l'espace d'un temps.*

1° Les théoriciens nous représentent la note *pliquée* ou *liquescente* non comme un son *prolongé*, mais comme une note qui coule sur la suivante par l'intermédiaire d'un *port de voix*, de telle sorte qu'ON NE LA SENT PAS FINIR, loin de l'entendre prolonger : *Liquescunt vero in multis voces, more litterarum, ita ut* INCOEPTUS MODUS *unius ad alterum limpide transiens,* NEC FINIRI VIDEATUR (1).

Selon Francon de Cologne, la plique est la marque par laquelle on exprime la division *du même son* en grave et en aigu ou *vice versa : « Plica est nota divisionis* EJUSDEM SONI *in gravem et acutum* (2). » La définition de Marchetti de Padoue, traduite par le P. Lambillotte dans son travail sur *l'Unité dans les chants liturgiques*, pourrait, dans cette traduction, impliquer l'idée de prolongement ; mais en y regardant de près on verra que le mot *protrahere* n'a pas été exactement rendu. Marchetti, après avoir dit que la longue et la brève peuvent également être pliquées, ajoute : « *Plicare autem notam, est prædictam*

---

du xive siècle, l'Antiph. n° 1088, Bibl. Impér. anc. fonds, etc., etc.), se contentent de la simple carrée, à l'exemple des notations semi-neumatiques du xie siècle (v. g. le Grad. n° 903. Bibliot. Impér.) Les prem^{iers} sont les plus logiques parce qu'employant la *brève* ■ pour traduire les sons que nous exprimons aujourd'hui par des losanges ♦, ils maintiennent mieux la proportion. Quoi qu'il en soit, on comprend le sens de notre énoncé. Il s'agit de la note *commune* de la *note courante du chant*, quelle qu'en soit la forme.

(1) Gui d'Arez. Gerb. *Script.* II, 17.
(2) Gui d'Arez. Gerb. *Script.* III, 6.

» *quantitatem temporis protrahere in sursum vel deorsum cum voce ficta, dissimili a voce integre pro-*
» *lata* (1). »

Il est clair que le *temps* ne se prolonge ni en haut ni en bas. *Quantitas temporis* veut dire ici un son ayant la durée dont on vient de parler, c'est-à-dire un son long ou bref ; et la phrase revient à celle-ci : *Plicare... est notam, prædictæ quantitatis, protrahere in sursum vel deorsum.* Pliquer une note c'est étendre vers le haut ou vers le bas un son de telle ou telle valeur, à l'aide d'une note artificielle..... L'extension regarde le ton et non pas la durée. Tout le contexte, d'ailleurs, est dans ce sens.

2° Il est permis, suivant Gui d'Arezzo, d'omettre à volonté la note d'agrément de la plique. Ce qui ne veut pas dire, comme on l'a prétendu, que l'on puisse convertir ce port de voix en note réelle, mais qu'on est libre de le faire entendre ou de le supprimer : qu'ainsi, dans le passage suivant,

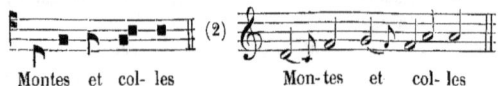

on sera libre d'omettre la *plique* et de chanter ainsi :

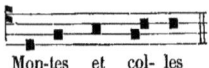

Que, dans un chœur, les uns suivent la première leçon, les autres la seconde, l'ensemble n'en souffrira nullement. Mais rien n'autorise à changer le port de voix en note réelle et à dire :

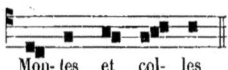

comme le font les éditions modernes qui représentent soi-disant *la tradition*. Jamais un seul bon manuscrit en notes carrées n'a suivi ce système, l'une des plus malheureuses innovations du siècle dernier. On trouve très-fréquemment des transcripteurs usant de la permission de Gui d'Arezzo pour supprimer la plique. Souvent même, dans un motif répété deux fois, à quelques lignes de distance, dans le même ms., la première porte la plique, la seconde ne l'a point. Si l'on met en regard un certain nombre de passages, le fait est bientôt rendu palpable :

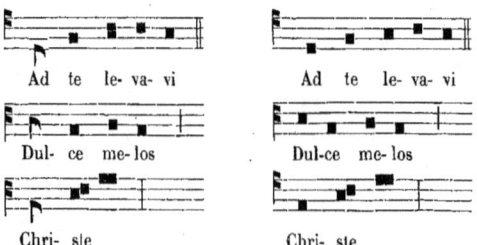

---

(1) Gui d'Arez. Gerb. *Script.* III, 181.

(2) Voyez ce passage sous des formes équivalentes à celle-ci, dans le ms. 1088, 1ᵉʳ vol. fol. 26. (Bibl. imp. Fonds lat.) — *It.* dans l'Antiph. de Beauvais de la Bibl. Ste-Geneviève, et généralement dans tous les anciens Antiph. des XIᵉ, XIIᵉ, XIIIᵉ, XIVᵉ et même XVᵉ siècles.

Il faut donc bien que la note commune avec plique égale en durée celle qu'on est autorisé à lui substituer ; autrement l'ensemble ne serait plus possible, et la physionomie du chant serait gravement altérée.

Je crois ce fait trop peu contesté pour m'étendre davantage ; je me bornerai donc à indiquer un argument facile à déduire de certaines séquences Notkériennes absolument syllabiques d'un bout à l'autre, et dans lesquelles on rencontre çà et là une plique, d'où il est facile d'inférer qu'elle ne change rien aux valeurs temporaires.

Le *Graduel*, n° 904 (ancien fonds, Bibl. imp.) en fournit des exemples dès la première page.

Nous pouvons donc poser cette première équation :

$$\mathord{\uparrow} = \blacksquare = 1 \text{ temps.}$$

COROLLAIRE. Il s'en faut donc de beaucoup que la queue ou *propriété*, placée sur la gauche d'une note simple ou d'une ligature, ait pour effet de l'allonger.

PROPOSITION IV.

La clivis brève par nature ou par position ⌒ ⌒ ⌒ ⌒ *est légitimement représentée par deux brèves* ♦♦ *et renfermée dans l'espace d'un temps.*

Nous en tirons une première preuve de la comparaison des manuscrits entre eux et des passages identiques d'un même manuscrit. Il résulte de cet examen 1° que la *clivis* brève est employée dans les mêmes chants et les mêmes manuscrits d'une manière analogue au *cephalicus* dont nous avons parlé dans la proposition précédente : ce qui montre dans ces deux signes, sinon la même nuance d'exécution, au moins la même durée.

Soit le premier vers des différentes strophes du *Pange lingua prælium*.

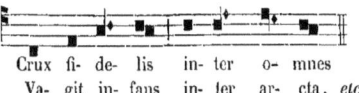

Crux fi- de- lis in- ter o- mnes
Va- git in- fans in- ter ar- cta, etc.

Toutes les strophes de l'Hymne étant notées au long, dans le manuscrit de Saint-Gall, n. 359, nous trouvons sur les deux dernières syllabes de ce vers qui, à n'en pas douter, conserve partout la même durée, les notations suivantes :

La première (sur *omnes*) est composée d'un *ancus* (1) et d'une *clivis* longue. La deuxième (sur *gloriosi*) de deux *clivis* à forme brève, mais dont la seconde porte un *t* (2), de peur que l'exécutant ne l'abrège comme la précédente. Cette notation se reproduit dans cinq strophes, sur les mots *protoplasti*, *salutis*, *sacri*, *acta*, *fuisti* et *summo*. La troisième (sur *arcta*) est significative : on la trouve à la même place dans trois strophes, sur les mots *arcta*, *arundo* et *alta* (3).

---

(1) La forme de ce premier signe est un peu douteuse, et l'on pourrait peut-être y voir une *clivis* brève. Cela importe peu à notre démonstration.
(2) Si l'on pouvait douter un instant que la lettre placée entre deux signes ne se rapporte au second, cette hymne tout entière en fournirait une démonstration palpable.
(3) Le manuscrit de Murbach neumé sur lignes fournit exactement les mêmes analogies.

Or comme il n'est pas raisonnable de supposer que dans un passage si manifestement identique, au moins quant à la durée, le même auteur ait marqué si expressément des valeurs différentes, et qu'on ait dû dire tantôt

Nous pouvons déjà conclure à une parité de durée entre le *cephalicus* et la *clivis* brève.

En effet les deux expressions [3] et [4], quoique n'étant pas complétement identiques, ne doivent point produire une différence notable dans l'exécution; on les pourrait fort bien exécuter simultanément. Il n'en est pas de même, à beaucoup près, des expressions [2] et [3], cela est patent.

Si maintenant nous collationnons ce même passage avec des monuments postérieurs, nous trouvons dans

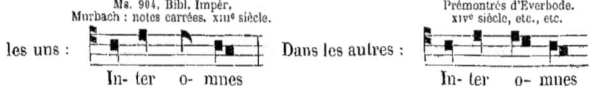

Confirmation précieuse de notre première assertion.

Nota. Les deux ligatures de ce dernier exemple nous amènent à expliquer les mots de *clivis* brève *par position*. Le P. Lambillotte avait très-justement constaté par une multitude d'exemples une loi d'après laquelle, à moins d'une marque contraire, lorsque deux *clivis* se suivent, la première est brève et la seconde est longue. Quelques manuscrits expriment cette exécution par des signes différents, d'autres laissent au chanteur le soin d'appliquer la règle.

Ajoutons aux exemples ci-dessus quelques autres textes empruntés à l'Introït *Puer natus est*.

Le mot *nobis* porte certainement les notes *ré, ut, mi, ré, ré*. La neumation du premier manuscrit est

---

(1) Ms. de Saint-Gall, viiie ou ixe siècle, n° 338. — La majuscule est rendue ici telle que le P. Lambillotte l'a calquée. Il n'était pas calligraphe, et prenait plus grand soin des neumes que des lettres ornées. Aussi je ne la donne pas pour une œuvre d'art.
(2) Ms. de Murbach neumé sans lignes, xie siècle. Bibl. de Colmar. — On a diminué la lettre majuscule.
(3) Ms. de Montpellier.
(4) Ms. de Murbach en notes carrées, xiiie siècle. — Bibl. de Colmar. — Id. Ms. n° 904. Bibl. imp. xive siècle.
(5) Prémontrés d'Everbode.
(6) Ms. de Norwich, xie siècle.
(7) Ms. Guidonien de la Bibl. de Douai.

parfaitement claire et ne laisse aucun doute sur l'exécution. Le second n'ayant point de lettres significatives et n'employant qu'une forme de *clivis*, précautionne le chanteur à l'aide d'un *pressus minor*, marche excellente qu'il suit constamment en pareil cas, et qui le rend extrèmement précieux pour l'étude, et en particulier pour la constatation de la loi dont nous parlons. Le troisième (celui de Montpellier), conserve aux deux *clivis* la même forme, d'où l'on peut conclure en passant que, pour en bien opérer la traduction, il n'est pas inutile de le confronter avec d'autres et de connaître à fond les règles *de position*. Les exemples 6 et 4 conservent l'identité des deux signes, laissant le reste à la tradition orale. La formule donnée par le n° 7 est commune à plusieurs manuscrits Guidoniens. On peut en étudier de nombreux exemples dans un manuscrit de Marchienne, actuellement à la bibliothèque de Douai. Ici les deux espèces de *clivis* se distinguent par une forme différente. On retrouve la même ligature à la ligne suivante sur le mot *humerum*. La forme de l'exemple cinquième est aussi très-commune et très-significative. Non-seulement on la rencontre dans des manuscrits, mais elle se voit encore dans beaucoup d'anciens imprimés tels que le Graduel de Narbonne. Quelques manuscrits comptant sur la tradition, emploient concurremment l'une et l'autre; par exemple, un Graduel des chanoines de Saint-Pierre, à Lille. (Voyez à la page ix, dans l'Introït *Puer natus est*, les mots *nobis* et *humerum*.)

Ces traits que je pourrais multiplier à l'infini (1), suffisent pour mettre les hommes attentifs sur la voie et leur faire bien comprendre comment les valeurs d'un signe peuvent changer par position.

2° Après avoir montré que la *clivis* brève égale en durée le *cephalicus* et la note commune, nous avons à prouver encore que cette *clivis* brève est légitimement représentée par deux losanges, comme dans ce passage :

Premièrement, il est certain, d'après la première partie de notre proposition, que ces deux notes lui sont équivalentes en durée, et que nous pouvons poursuivre ainsi notre équation :

Un seul texte paraît nous interdire les deux brèves égales : il avait d'abord arrêté le P. Lambillotte. (La lumière s'est bientôt faite pour lui, comme je l'ai fait observer plus haut) : c'est la définition de Jean des Murs : « Clivis *a cleo quod est melum, et componitur a nota et semi-nota et signat quod vox debet inflecti.* » Plica *dicitur a plicando, et continet notas duas : unam superiorem, et aliam inferiorem* (2). »

Je rapproche à dessein ces deux définitions. Il semblerait qu'elles ont été transposées, et que celle de la *plique* a été donnée à la *clivis*, d'autant que la seconde est évidemment imparfaite par rapport à la *plique*, que la première est en contradiction avec une multitude de passages où la *clivis* est traduite par deux notes égales, et avec la notion de la *clivis* longue. Il est d'ailleurs à remarquer que Jean des Murs ne traite pas *ex professo* de ces signes, mais qu'il les mentionne seulement pour mémoire comme un vieux souvenir du passé. Francon de Cologne, quoique appartenant à l'école mensuraliste, est une autorité plus ancienne et plus sûre, lorsque, traitant des ligatures en général et de l'*usage reçu* en ce point, il déclare que toute ligature ayant queue à gauche ou *propriété*, a le premier son bref. « *Omnis ligatura cum proprietate primam facit brevem* (3). » Ce qui s'applique à la vérité aux deux formes ⌐ et ⌐ ; mais il est à remarquer que la première, composée de deux losanges réunis, traduit la *clivis* et jamais le *cephalicus* ou la *plique*, tandis que la seconde en est la traduction fréquente; la première pour répondre à la

---

(1) Je me hâte : ainsi le veut la polémique; nécessité pénible, qui condamne l'homme d'étude à jeter en courant sur des feuilles éphémères des matériaux destinés à un meilleur emploi, et à laisser derrière lui une foule de choses qui ne seraient pas sans intérêt pour la science; jusqu'au moment où il lui faudra en éparpiller encore une partie dans quelque brochure nouvelle.
(2) Gerb. *Script.*; III, 202.
(3) Gerb. *Script.*; III, 7.

plique prend la forme ⋀ qui indique assez un deuxième son imparfait, tandis que dans sa conformation intégrale ⋀ elle donne assez à connaître que ses deux sons ont une émission pleine et entière.

A défaut de ligatures dans notre système actuel de notation carrée, la *clivis* brève ou *clivis minor* est donc très-légitimement exprimée par la forme ⋅♦⋅ (1).

Nous eussions désiré lui conserver son ancienne forme pour rappeler sans cesse aux exécutants la liaison des deux sons qui la composent et la distinguer de certains *climacus* ; on nous en a fortement dissuadés, par cette raison que les chantres malhabiles trouveraient là une difficulté ; que les passages renfermant cette *clivis* sont assez caractérisés pour que la liaison s'opérât naturellement ; et qu'enfin l'enseignement oral suffirait bien pour éclairer les chanteurs sur le véritable mode d'exécution.

Je pourrais reprendre ces deux dernières propositions pour en appliquer les conclusions au *podatus minor* et à l'*epiphonus* ou plique ascendante et en tirer pour corollaire « qu'il est *absolument faux* que la première note du *podatus* soit plus brève que la seconde. Ni les formes qu'on lui donna toujours, ni les textes qui l'expliquent ne souffrent une pareille interprétation. Les notations antiques ne sont point si vagues, ni si arbitraires qu'on pourrait se l'imaginer après une étude superficielle. L'analogie des formes ♭ ♪ ♩ ⋀ ⋀ et des formes ♪ ♩ ♪ ♪ ♪ n'est pas sans quelque signification. Non-seulement on peut établir rigoureusement que le *podatus minor* est à la *clivis* comme l'*epiphonus* est au *cephalicus* ; mais on peut appliquer au *podatus* et à la *clivis* les mêmes règles de position. On en voit un exemple, p. 41.

Po - pu - le

Il faudrait également faire observer que ces deux derniers signes, à cause de leur durée identique, ont été employés souvent l'un pour l'autre, et qu'on a écrit  aussi souvent que :

c'est par une analogie semblable qu'on peut expliquer le texte de Jean des Murs, dans lequel il applique à la *clivis* ce qui n'est rigoureusement vrai que de la *plique*.

Mais il faut réserver à des ouvrages plus étendus l'examen approfondi de ces questions. Il est déjà assez pénible de ne pouvoir traiter qu'à moitié, pour suivre le torrent de la polémique, tant de points qu'on eût voulu développer de manière à n'y plus revenir.

Au reste, en combattant une à une les erreurs que contient la théorie de M. l'abbé Cloet, je n'ai point eu dessein de rabaisser sa réputation de doctrine et d'amoindrir l'estime qu'ont méritée ses anciens tra-

---

(1) Je livre aux artistes, pour ce qu'elle vaut, une conjecture que j'ai souvent faite, en attribuant à la fréquence d'une telle forme mélodique dans les chants d'église, l'espèce de popularité, parmi les anciens contrapontistes, de ces sortes de traits :

vaux ; mon seul but est de défendre un homme injustement attaqué. J'ai donc cherché à faire voir contre ses détracteurs qu'il n'avait erré :
 Ni dans son système d'abréviations,
 Ni dans l'accentuation,
 Ni dans le rhythme,
 Ni par rapport à la mesure et à la forme de phrase qui caractérisent le chant Grégorien : point capital, dont la preuve, si elle est bien établie, ébranle par la base une œuvre rivale, dont les défenseurs eussent peut-être mieux fait de fortifier les abords, que de faire tant d'incursions sur les terres d'autrui.

Quant à présent j'ai dû m'en tenir à la question de principes, sans entrer dans l'examen et la discussion de toutes les leçons adoptées par le P. Lambillotte. C'eût été empiéter sur une publication longue et dispendieuse qu'il faut réserver pour l'avenir : la reproduction synoptique des monuments dont il a fait usage, et dont la collection pour être complétée à l'aide de ses notes, exigera des voyages impossibles pour le moment.

Avant de passer aux hymnes, je dois à M. Cloet un mot de réponse sur les ornements. — Je les lui abandonne tous, et le *vibrato*, et le *trille* et les *sons trémulants*, et les *sons répercutés*, et les *sons enflés*, etc. Je ne veux pas médire de nos choristes d'église ; mais je crois rester dans le vrai en affirmant qu'il n'en est pas un sur cent par le gosier duquel ces ornements puissent passer sans devenir ridicules. Quand on sait à quels rudes exercices s'assujettissent, *en France*, les artistes de profession, pour arriver à faire un *trille* d'une manière supportable, on se demande si M. Cloet parle sérieusement lorsqu'il redemande pour nos chantres des fioritures si peu faites pour eux (1). — Marquez-les toujours, nous dit-on ; il sera facile de les omettre. — C'est une erreur : personne ne serait plus empressé de les exécuter que les gens les plus incapables. L'amour-propre d'un chantre est chose proverbiale : jamais l'un d'eux ne souffrira que son voisin se permette un luxe d'ornements qui lui serait interdit. Si M. le Vicaire termine ses cadences par un trille, le maître d'école en voudra mettre deux, et les autres ne manqueront pas d'imiter leurs maîtres. Quant aux *crescendo* et *decrescendo*, je ne les repousse pas en principe, mais je les crois pleins de péril, parce que ces nuances, mal appliquées, donnent bien vite au chant d'église une expression ridicule. J'entrais, il y a quelques semaines, avec un artiste, dans une chapelle où elles sont pratiquées par un chœur nombreux. On chantait le grand *Benedicamus* des solennels (2ᵉ ton). Dans cette courte mélodie les chanteurs passèrent au moins dix fois du *fortissimo* au *piano*. On n'imagine rien de plus étrange que l'effet produit par une telle exécution. L'artiste sortit indigné. Il faut avouer qu'il n'avait pas si grand tort.

Si le P. Lambillotte a étudié ces ornements, c'est au point de vue archéologique, et si l'idée a pu lui venir un instant de les conserver, il ne l'a pas gardée longtemps.

Après avoir discrédité la théorie du P. Lambillotte, M. Cloet fait un appel au bon goût de ses lecteurs, en leur proposant deux passages du Graduel, comme pour leur demander si un pareil chant est supportable. Il n'ose pas alléguer les essais qu'il a faits lui-même et entendu faire en sa présence ; mais il est bien sûr que « tout homme de goût qui chantera seulement quelques pièces de la nouvelle édition » sentira bien vite combien peu de cas il en faut faire.

(1) Voici l'une des formules les plus simples du trille, d'après un excellent artiste du siècle dernier :

Quand on songe qu'en certaines provinces les chantres n'ont pas même assez de flexibilité dans la voix pour couler deux brèves de suite sans difficulté, comment supposer qu'ils reproduisent jamais une pareille articulation?

Ce passage nous rappelle une anecdote récente, dont les détails nous ont été racontés par un témoin auriculaire digne de toute croyance.

Un jeune écrivain, partisan dévoué jusqu'à l'enthousiasme du chant rémo-cambraisien, et adversaire déclaré des travaux du P. Lambillotte, accourt dans un grand séminaire, se promettant de faire partager aux directeurs et aux élèves ses sympathies et peut-être ses aversions. Un cercle d'auditeurs attentifs se forme bien vite autour de l'honorable envoyé. On l'invite à faire entendre quelques-uns de ces chants dont il raconte tant de merveilles. Il cède, et, de sa voix la plus sonore, la plus émouvante, il déclame *sur le rhythme du discours* quelques passages choisis. L'assemblée admire et félicite le soliste, non sans émettre quelques doutes sur la possibilité d'une telle exécution par un ensemble de choristes.

Mais la cause n'est pas instruite tout entière. Il faut, pour éviter au moins un vice de forme, que le P. Lambillotte soit représenté devant les arbitres. La justice veut aussi que la même voix interprète ses mélodies, pour que les deux systèmes apparaissent entourés du même prestige.

Que ne peut *la faveur* sur *la voix* des mortels!

Cet organe, tout à l'heure si moelleux et si flexible, est devenu tout à coup âpre et cahoteux ; l'expression disparait, l'aisance fait place à la rigueur ; une mesure martelée morcelle impitoyablement les membres de la mélodie ; il semblait, suivant l'expression du témoin, que les phrases étaient *hachées à coups de sabre*.

La surprise est générale. — Voilà donc ces chants si prônés, à la restauration desquels un religieux a consacré tant de veilles ? — Les voilà, n'en doutez pas ; les voilà tels qu'on les exécute d'après sa méthode. Pourquoi délibérer plus longtemps ?

L'assemblée ne délibère plus. Elle a compris dès la première note... que l'avocat le plus habile ne peut mettre la même éloquence au service des deux parties.

Le héros de cette histoire avait parfaitement compris le moyen de ridiculiser le nouveau Graduel. Remplacer par un martellement la régularité simple du rhythme, détacher brusquement les notes coulées, égaliser sans pitié les parties psalmodiques et surtout chanter trop vite, c'est le travestissement le plus complet qui se puisse faire de ce beau travail.

§ III.

De la mesure dans les hymnes.

Je serai très-court sur cet article, à l'exemple de M. Cloet, persuadé que l'étude qu'il a dû faire à présent de l'*Antiphonaire* du P. Lambillotte n'a pas manqué de modifier ses opinions sur le système suivi relativement aux hymnes (1), et qu'en relisant l'article de la *Méthode*, page 66 et suivantes, il y trouvera quelque chose de plus, en fait de preuves, que ce dont il a fait part à ses lecteurs.

Le petit nombre d'hymnes que contient le Graduel suffit à notre critique pour adresser au P. Lambillotte deux reproches généraux :

Le premier, d'avoir réduit les hymnes à des proportions presque syllabiques ;

Le second, d'y avoir recherché la proportion exacte des membres, et même quelquefois la mesure musicale, contrairement à la tradition.

Sur le premier point, il se garde bien de dire que les mélodies où les simplifications apparaissent

---

(1) Je laisse à dessein le passage où M. Cloet ne craint pas d'assimiler les hymnes données par le P. Lambillotte aux chants proposés par Mgr. Alfieri, dans son *Précis historique et critique*. J'aime mieux n'en pas risquer l'analyse que de m'exposer à la faire avec trop peu de calme, en appelant les choses par leur nom.

forment le très-petit nombre, et que la grande majorité des hymnes restaurées par le P. Lambillotte n'ont ni plus ni moins de notes que n'en donnent des hymnaires français, que M. Cloet devrait connaître, puisqu'on les trouve à la Bibliothèque impériale de Paris; il omet, par une distraction regrettable, l'argument de fait contenu aux pages 69 et 70 de la *Méthode*, et qui, pourtant, n'est pas sans quelque signification; enfin il ne parait pas soupçonner que l'on puisse rencontrer dans le monde autre chose que ce qu'il a vu dans son pays. La comparaison de Procuste viendrait assez bien ici : je la lui épargnerai.

« D'abord, dit-il, page 80, très-généralement les hymnes de la liturgie romaine n'ont pas, dans les
» anciens recueils, cette forme presque syllabique qu'on veut leur donner. Sans doute ces mélodies,
» essentiellement populaires, sont assez peu chargées de notes pour la plupart. Sous ce rapport leur
» contexture ne se rapproche pas peu de la forme propre aux antiennes. Mais, loin d'être aussi syllabiques
» qu'on le prétend, nos hymnes plus anciennes, comme *Pange lingua... prælium, Vexilla regis, Audi*
» *benigne Conditor, Veni Creator, Gloria laus, Exultet orbis, Ut queant laxis*, portent souvent jusqu'à
» quatre notes sur une même syllabe, et même davantage. C'est seulement en ces derniers siècles que les
» réformateurs, sur les traces de Jean Cousin pour la France, et de Guidetti pour l'Italie, se sont attachés
» à abréger les hymnes, pour leur donner cette forme écourtée que le P. Lambillotte voudrait faire pré-
» valoir sous le manteau vénérable de la tradition. »

Le *très-généralement* est vague; les monuments sont bien plus précis. Si M. Cloet veut seulement feuilleter le manuscrit n° 1089 (fonds latin) de la Bibliothèque impériale, il verra que sur le grand nombre de chants d'hymnes qu'il contient, plus des trois quarts sont syllabiques ou presque syllabiques; il y trouvera confirmée l'assertion de Gerbert (*De Mus.* t, 510), déclarant que telle a été la forme primitive de ces chants, et que les neumes ont été peu à peu entremêlés à la mélodie, suivant le degré des fêtes. — M. Cloet nous oppose ensuite le *Pange lingua... prælium, Vexilla regis, Audi benigne, Veni Creator, Gloria laus, Exultet orbis, Ut queant laxis*; mais il ne pouvait pas plus mal choisir. Non-seulement le P. Lambillotte ne les a point abrégées et rendues syllabiques, mais il existe encore sur ces chants des versions plus simples que les siennes. En vérité cela dépasse toute croyance.—Les deux hymnes *Jesu redemptor omnium, A solis ortus cardine*, paraissent différer davantage des leçons répandues en France, les notes de passage en ayant été supprimées. J'ignore l'origine de l'abréviation, parce que le P. Lambillotte, ayant rapporté d'Italie et d'Allemagne une partie de son hymnaire, ne m'a point dit d'où lui venaient ces deux leçons; mais rien ne m'autorise à penser qu'il les ait improvisées. D'ailleurs elles n'ont rien que d'excellent, quoi qu'en puisse penser le critique (1).

Passons au second reproche, sur lequel il insiste plus encore que sur le premier.

La base de son argumentation contre le rhythme régulier, la proportion et la *mesure* dans certaines Hymnes, repose sur ce fait déjà mentionné par nous à la page 24 de ce travail, savoir que la notation contenue dans la plupart des hymnaires, au moins en France, n'indique jamais aucune mesure.

Donc cette mesure n'existe pas.

« La question, dit-il, n'est pas de savoir comment les Hymnes pourraient être rédigées; s'il convient qu'elles
» aient des modulations plus ou moins restreintes, une marche plus ou moins cadencée, des proportions
» plus ou moins régulières. Il y a là un point d'esthétique qu'ont dû agiter nos hymnographes avant
» d'écrire leurs œuvres, et l'Église avant de composer ses hymnaires, mais que nous n'avons point à
» résoudre, selon que le remarque Mgr Gignoux dans un écrit déjà cité : *Même en matière de chant, la*
» *règle la plus sûre et la plus sage est la tradition*. Nous avons à constater ce qu'ont pratiqué nos Pères en
» fait d'Hymnes, non à inventer des systèmes (page 79)..... Eh bien, quiconque étudiera nos hymnaires et

---

(1) Voyez la fin de ce paragraphe.

» prosaires du xii⁰ au xiii⁰ siècle, et même dans les monuments d'une date plus récente, demeurera convaincu
» que JAMAIS dans la liturgie romaine on n'a compris et pratiqué les Hymnes comme le P. Lambillotte les
» conçoit. »

Même en matière de chant la règle la plus sûre et la plus sage est la tradition.

Le principe est excellent, mais M. Cloet va nous en faire une arme contre lui.

La règle la plus sûre est la tradition. — La tradition écrite ou la tradition orale ? — L'une et l'autre sans doute — soit.

Mais la tradition universelle du moyen âge nous apporte des mélodies, où les pénultièmes brèves sont chargées de notes. Pourquoi les avez-vous modifiées ?

Mais les teneurs psalmodiques et autres pièces analogues sont partout écrites avec des signes égaux sans distinction aucune de notes accentuées ou non.

Pourquoi cette distinction est-elle rétablie dans vos livres ?

— Pourquoi ? me répondrez-vous ? Parce que les règles de la quantité et de l'accentuation nous servent à interpréter les monuments et à les rectifier.

— Avez-vous au moins un seul texte de théoricien du moyen âge qui vous autorise dans la première de ces deux réformes. — Pas un seul. — Et dans la seconde. — Un seulement (1). Mais encore une fois les règles connues du langage éclairent notre marche dans toutes ces modifications. — Très-bien : mais *la question n'est pas de savoir comment les Graduels* Oculi omnium, Suscipiant montes, etc. *Les versets de Psaumes et les Leçons pourraient être disposés relativement à la quantité. Il y a là un point d'esthétique qu'ont dû agiter les anciens avant d'écrire leurs livres de chœur. Eh bien, quiconque étudiera nos Graduels et nos Lectionnaires notés, depuis l'origine jusqu'à l'invention de l'imprimerie, demeurera convaincu que jamais on n'a compris et pratiqué* la quantité latine, *comme M. Cloet et la Commission de Reims la conçoivent.*

Voilà comment la tradition inflexible envers votre adversaire se prête volontiers à vos interprétations : *Quod volumus sanctum est.*

Mais on peut établir entre vous et lui quelque chose de plus qu'une parité de droit. En effet :

Les monuments ne lui sont pas contraires. La tradition orale est plutôt pour lui que pour vous. Les didacticiens l'appuient en plus de cent endroits.

Sur le premier point, je dois encore citer M. Cloet : je ne veux pas être accusé de dissimuler la force de ses arguments. Et puis il y a toujours quelque chose à tirer de ses paroles.

« Quant au rhythme, (page 80), *il est incontestable* que, dès les temps les plus reculés, on a suivi
» simultanément les deux systèmes dont il a été parlé dans ces *Remarques*. Comme les Hymnes étaient des
» prières purement facultatives, l'Église n'avait point déterminé quel genre de musique elles devaient por-
» ter. On en a composait les chants, tantôt selon la manière Grégorienne, tantôt à la façon Ambrosienne,
» c'est-à-dire avec cette symétrie exacte, cette succession régulière dans les phrases et les mouvements
» que requiert le P. Lambillotte. Il faut même le reconnaître, certains musiciens avaient une estime mar-
» quée pour ce genre de composition. Voilà ce que les monuments et les auteurs constatent.

« Mais aussi, c'est un fait *également avéré*, qu'en introduisant les Hymnes dans sa Liturgie, l'Église
» romaine a voulu qu'elles eussent le rhythme prosaïque, particulier à ses autres chants ; elle n'a donné
» droit d'asile, généralement, qu'aux mélodies rhythmées selon le système de saint Grégoire le Grand.
» Ici on admirera d'autant plus la sagesse de l'Église que ce rhythme, par son allure vague et mystérieuse,
» exprime bien mieux, quoi qu'en disent certains artistes, les sentiments du chrétien. D'ailleurs, la plupart
» des Hymnes, jusque-là, *étant des rhythmes et non des mètres*, on n'avait aucun motif, même appa-

(1) Le texte de l'*Instituta Patrum*, Auteur anonyme.

» rent, d'introduire dans les usages de l'Église un genre de musique qui n'y avait jamais occupé de place
» officielle (1). En tout cas, ne mettant aucune différence entre la poésie et la prose, quand nous lisons le
» latin, pourquoi en établirions-nous une quand nous le chantons (2)? Pour les Hymnes, comme pour
» les autres textes, le chant de la Liturgie romaine est donc exclusivement le chant Grégorien : ainsi l'a
» voulu l'Église. »

Ainsi *il est incontestable* que, dès les temps les plus reculés, on a suivi en un grand nombre d'Hymnes, le système du P. Lambillotte. — Pour être en droit de le nier, il faudrait effacer tout ce que saint Augustin, le vénérable Bède, Remi d'Auxerre, Gui d'Arezzo, etc., en ont écrit. — Mais aussi c'est un fait *également avéré* que l'Église n'a donné droit d'asile qu'aux mélodies rhythmées *prosaïquement* d'après le système des autres pièces Grégoriennes.

UN FAIT AVÉRÉ. — Par qui? — En quelle histoire? Sur quatre-vingt seize Hymnes dont parle Gavantus (3), les neuf dixièmes sont attribuées par Raoul de Tongres et Clichtove à des écrivains antérieurs au Xe siècle, et dont plusieurs ont précédé saint Grégoire le Grand : le pape Gélase, saint Ambroise, saint Hilaire de Poitiers, saint Grégoire lui-même, Prudence, Paul diacre. Et, chose remarquable, les deux rhythmes préférés par ces anciens hymnographes sont l'iambique et le sapphique, les plus aptes au chant mesuré. Le plus grand nombre de ces Hymnes appartient à saint Ambroise. Or s'il est *incontestable* que ces Hymnes ont été en très-grande partie adaptées à des rhythmes doubles, suivant la méthode enseignée par saint Augustin et par tous les rhythmiciens, où se trouve *ce fait avéré* que, pour les accueillir dans ses offices, l'Église a commencé par les dépouiller de leur mesure? — En outre, dans leur forme primitive, à quoi étaient-elles destinées? à être chantées dans les festins, ou dans les églises? — Et la théorie des chants métriques si bien développée par les théoriciens ecclésiastiques du moyen âge, quel était son objet sinon les Hymnes?

Le fait *avéré* résulte donc des manuscrits? D'abord il est constant que les hymnaires antérieurs au XIIIe siècle sont excessivement rares; cependant le P. Lambillotte en a trouvé à Vérone, à Padoue, à Monza et à Mantoue, où les brèves sont marquées par des points, et les longues par des virgules. La musique de l'ode à Phyllis trouvée à Montpellier, et semblable pour la mélodie au chant de l'*Ut queant laxis*, donné par Gui d'Arezzo, indique assez nettement le genre de mesure encore en usage pour les Hymnes sapphiques. Quant aux notes égales marquées dans les manuscrits postérieurs sur des chants syllabiques, tels que les Hymnes fériales et les Séquences, elles ne prouvent pas plus l'égalité dans ces chants, que dans les teneurs psalmodiques. M. Cloet accorde que le *Creator alme siderum* a peut-être été écrit suivant la rhythmoïde Ambrosienne. Il peut parcourir les bibliothèques de France, il y trouvera partout cette mélodie écrite comme il suit :

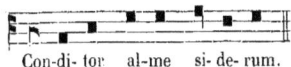
Con-di- tor al-me si- de- rum.

Il verra les chants de proses que la tradition a le mieux conservés parmi nous à l'état de mesure ternaire invariablement notés à notes égales. S'il ouvre par exemple le manuscrit 904, déjà cité, il verra à la page 115 la séquence suivante :

Mane pri-ma sab-ba-ti Surgens De- i Fi-li- us No-stra spes et gau-di- um.

---

(1) Je laisse passer cette phrase : le lecteur en appréciera la justesse.
(2) Ce raisonnement serait peut-être plus logique arrangé comme il suit : « En tout cas, ne mettant aucune différence entre la poésie et la prose quand nous lisons le latin, pourquoi continuerions-nous à composer des hymnes en vers! La pratique de l'Église, en ce point, n'a plus d'objet au siècle où nous sommes. »
(3) Tom. II, p. 111 et suiv.

Chant populaire conservé dès longtemps dans nos diocèses sur diverses paroles, et que les vieillards n'ont jamais entendue autrement que d'après la mesure suivante (1) :

Il n'était pas nécessaire de noter plus exactement des mélodies que chacun savait par cœur (2); la nature du texte, si parfaitement rhythmé, était assez significative. Il arrivait au XIIIe siècle ce que l'on entend encore aujourd'hui dans les diocèses du Midi qui suivent le Romain. Le *Creator almæ siderum* et l'*Iste confessor*, notés sans indication de rhythme, n'en sont pas moins chantés en mesure par tout le peuple, et celui qui voudrait les rétablir à notes égales perdrait son temps. La tradition orale n'a-t-elle pas sa valeur ?

On conçoit aisément comment les additions des neumes, destinées à relever la solennité du chant, et faites avec plus ou moins d'intelligence, tout au moins avec une incroyable diversité (3), ont dérangé plus ou moins la symétrie des membres mélodiques. La plupart du temps il faut très-peu de chose pour la rétablir.

J'espère développer bientôt cette matière plus au long dans un travail spécial sur les hymnes et les séquences du moyen âge.

Je n'insiste pas sur la preuve tirée des théoriciens. Quiconque a tant soit peu feuilleté leurs ouvrages a dû être frappé du soin avec lequel ils développent la théorie des proportions, déjà exposée dans ce chapitre. A moins de soutenir que Remi d'Auxerre et Gui d'Arezzo écrivaient pour les orchestres et les chansonniers de leur temps, il faut bien convenir que leur doctrine s'applique aux hymnes de l'Église.

Je termine ce chapitre par la reproduction intégrale de la note additionnelle sur les hymnes, insérée déjà dans la *Méthode du chant Grégorien*.

Note additionnelle sur les Hymnes. — On peut dire que la destination des Hymnes, leur forme, leur origine s'opposent à ce qu'on les traite comme les autres parties du chant plane. Elles sont destinées, d'après toute la tradition, *à marquer la joie du peuple fidèle, à réveiller les cœurs engourdis, à captiver par de saintes douceurs les âmes distraites par les soins de ce monde, à reposer le peuple après une longue psalmodie* (4). Elles sont une manière de louer Dieu par la poésie et le chant : *Dei laus per carmen*. De là ces formes mélodieuses qu'on s'est toujours efforcé de leur donner, soit par une versification exacte et classique, soit par un arrangement symétrique des syllabes, et même par des rimes qui ont bien leur charme et dont la suppression nous paraîtrait bien regrettable, si quelqu'un l'opérait jamais. De là encore cette idée si généralement répandue qu'il n'y a pas d'Hymne sans *mesure*, suivant la belle définition du vénérable Bède : *Laus Dei metrice scripta* : une Hymne est une louange à Dieu, écrite avec la mesure. (On comprend qu'il n'est pas question du *Gloria in excelsis* ni du *Te Deum* auxquels on donne le nom d'Hymnes sans les confondre pour cela avec les chants dont nous parlons ici). Mais ce qui est vrai du texte des Hymnes, l'est-il aussi de leurs mélodies? Gui d'Arezzo l'affirme (*Microl.* c. XV), et Gavantus déclare que si le chant n'est mesuré ce n'est pas un chant d'Hymne : *Cantus ille debet esse metricus, alioquin Hymnus nuncupari non posset.* (*Loc. cit.*)

D'ailleurs si l'on excepte quelques pièces qu'un long usage assimile aux chants ordinaires, les airs d'Hymnes ont toujours formé une catégorie à part, distincte des mélodies *prosaïques*, et dont la tradition latine fait honneur à saint Ambroise (5). Que peuvent-ils donc avoir de particulier ? — Leur mesure et leur rhythme.

(1) Je ne concevrai jamais qu'à des époques, où le sentiment du rhythme a été assez développé pour produire des textes aussi harmonieusement cadencés que le sont la plupart des séquences, à partir du XIIe siècle, (voyez les divers recueils de Clichtove, Neale, Daniel, Mone, etc.) on ait pu consentir à les exécuter *tous* d'après la mesure exprimée dans cet exemple, préférablement à celle que les paroles indiquent si clairement.
(2) C'est là, pour le dire en passant, l'une des grandes causes de la rareté des anciens hymnaires.
(3) J'ai rassemblé une douzaine de versions de certains chants d'hymnes. On ne saurait croire combien ils diffèrent entre eux, et surtout par les appendices entremêlés dans la mélodie principale.
(4) Voy. Gavantus, *Tom. II, Sect. V,* ch. 5 ; le Card. Bona, *De Div. Psalm. Tom. IV oper.* p. 482 ; Gerb. *de Cant. et Mus. sac.* passim.
(5) Voy. S. August., *Conf.* lib. IX, c. 7 ; Valafrid. Strab., *De reb. Eccl.* c. 25 ; et S. Isidore, lib. I *de Eccles. offic.* c. 6.

Cette mesure et ce rhythme ne supposent pas toujours l'inégalité des valeurs ni l'application rigoureuse de nos procédés de musique moderne, comme se le figurent trop souvent ceux qui entendent parler de mesurer et de rhythmer les chants ; mais elles réclament absolument l'exacte proportion numérique des membres de la phrase musicale, leur séparation par un silence, et la juste position de l'*arsis* et de la *thésis*, autrement dit du temps fort et du temps faible, réglée non sur la *quantité prosodique* de telle ou telle strophe, mais sur le genre de rhythme que comporte la mélodie adoptée et le texte auquel on l'applique. Cette théorie capitale ne peut être développée au long dans une note, et nous sommes obligés de renvoyer le lecteur à ceux qui l'ont traitée ex professo, M. Vincent de l'Institut (*Notice sur divers manuscrits grecs relatifs à la musique*), et M. l'abbé Petit, supérieur du grand séminaire de Verdun, dans l'ouvrage remarquable dont nous parlerons au chapitre de la Psalmodie.

Cette proportion et cette symétrie des membres de la strophe a été soigneusement recherchée par le P. Lambillotte dans son Antiphonaire. Il avait remarqué qu'en général le premier vers était plus chargé que les suivants, grâce aux additions qu'imaginaient les chantres pour rendre l'intonation plus solennelle. Nous avons pu nous convaincre nous-même en étudiant les Hymnaires de la Bibliothèque impériale, notamment le n° 1089 (fonds latin), que souvent, dans une fête, on ajoutait à l'air de la férie certains appendices, dont plusieurs nous sont restés, au détriment du rhythme et de la mélodie.

Le manuscrit 1089 donne-t-il à l'Hymne *Jam lucis orto sidere* le chant suivant, *per annum* :

le même chant revient un peu plus loin, *per Octavas solemnes*, avec les additions que voici :

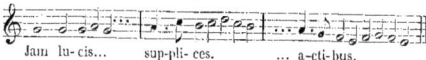

Nous devons, sans aucun doute, à ce déplorable usage, certains appendices tout à fait analogues, conservés dans les livres du dernier siècle.

Dans une des Hymnes de la Dédicace, par exemple, au lieu du premier vers que donnent les bons Hymnaires :

On chantait dans plusieurs diocèses de France :

Il faut ranger parmi ces additions malheureuses ce trait inséré au milieu de l'Hymne, *Crudelis Herodes*, à la fin du troisième vers.

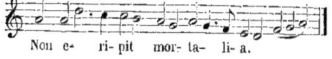

Veut-on encore un des nombreux exemples du système malheureux suivi depuis longtemps pour la solemnisation des chants d'Hymnes? — Soit la mélodie ancienne du 8ᵉ ton conservée dans quelques éditions de chant Romain.

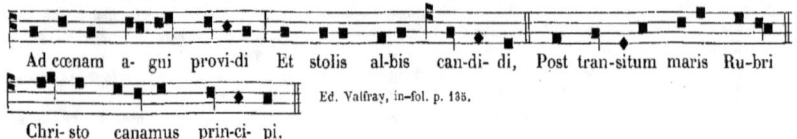

Ad cœnam a- gni provi-di Et stolis al-bis can-di- di, Post tran-situm maris Ru-bri Chri- sto canamus prin-ci- pi.

Ed. Vaifray, in-fol. p. 135.

Dans plusieurs diocèsès de France vous la trouverez ainsi développée sur différents textes :

Ad cœnam a- gni pro- vi-di Et sto-lis al-bis candi-di, Post transi-tum ma- ris Rubri Chri- sto ca- na- mus prin-ci- pi

Le P. Lambillotte avait donc quelque raison de rechercher les leçons les plus simples, pour se rapprocher autant que possible du système véritable et de la manière primitive adoptés autrefois dans le chant des Hymnes.

APPENDICE.

QUELQUES OBJECTIONS DÉTACHÉES.

Nous résumons brièvement sous ce titre quelques difficultés, dont la solution n'a pu trouver place dans les pages précédentes. Comme il suffit pleinement à notre sujet de leur donner, si nous le pouvons, une réponse satisfaisante, et qu'il s'agit des opinions, non des personnes, nous n'en nommerons point les auteurs. Au reste, quelques-unes d'entre elles ont été répétées plusieurs fois par divers écrivains.

I.

On s'est trop hâté de publier les livres liturgiques du P. Lambillotte; la science n'a pas encore dit son dernier mot.

Cette idée a été remaniée plusieurs fois; on peut la retourner encore, elle n'y gagnera pas en exactitude.

La science n'a pas dit son dernier mot. Cela signifie, pour quelques critiques : Je n'ai pas encore publié tout ce qui me reste en portefeuille; mon ouvrage sur le plain-chant n'est pas terminé; mes projets ne sont pas encore mûrs, et l'œuvre que je voulais discréditer avant son apparition s'est montrée avant que l'opinion fût à mon point.

Mais cette objection a été aussi mise en avant par un homme à qui je ne puis prêter une telle arrière-pensée. Il eût désiré qu'avant de se produire sous la forme pratique, le système du P. Lambillotte eût été « scientifiquement débattu et solennellement reconnu par l'autorité compétente. » C'est demander beaucoup plus que le droit, je dirais volontiers plus que le *possible*. Hélas! nous voyons trop comment les questions artistiques se débattent de nos jours. Si je transcrivais ici tout ce que *des hommes compétents* se sont adressé de mauvais compliments, pendant plusieurs années, sur une seule d'entre elles, on en serait justement effrayé pour la science, surtout si l'on apprenait que chacun a gardé son sentiment et que la question n'a pas fait un pas. Voudrait-on les convoquer en concile, pour livrer le P. Lambillotte à leurs scientifiques débats? quand les hommes de parti pris, les hommes incapables, les hommes froissés et hostiles, auront été récusés, combien en restera-t-il? Je ne sais si la lecture, vraiment pénible à un religieux, de tout ce qu'on écrit d'étrange en de telles matières m'a fait misanthrope avant le temps, mais je ne pourrai jamais ôter de mon esprit cette persuasion intime que le débat scientifique est illusoire. Que de juges improvisés ont déjà prononcé leur sentence, et combien d'autres la rédigent en ce moment! Je sais un vicaire qui s'apprête à prouver que le P. Lambillotte n'a rien compris *à quoi que ce soit*. Le public verra ce qu'il comprend lui-même à la matière dont il traite.

Mais *l'autorité compétente jugera.* — De quelle autorité compétente veut-on parler? de l'autorité musicale ou de l'autorité ecclésiastique? C'est à la dernière assurément que la solution définitive appartiendra. Laissons-la faire. Beaucoup de gens se sont donné la mission de l'éclairer ; ils eussent peut-être aussi bien fait de travailler de leur côté à composer quelque chose de meilleur que le P. Lambillotte. Efforçons-nous tous de produire des œuvres excellentes, si le bon Dieu nous en accorde les moyens. L'autorité ecclésiastique saura bien faire son choix.

La science n'a pas dit son dernier mot. — Mais le dira-t-elle jamais? Le monde sera détruit avant que les problèmes livrés aux disputes des hommes aient reçu leur solution définitive. Est-ce là une raison d'ensevelir en attendant les travaux utiles? De ce que la science médicale n'a pas dit son dernier mot sur une multitude de points, néglige-t-on pour cela de traiter les malades? — A quelle marque enfin reconnaîtra-t-on que le dernier mot de la science est prononcé ; et qui donnera aux auteurs le signal de paraître sur la scène du monde?

II.

Le retour à des usages interrompus et oubliés est une innovation tout aussi réelle que l'introduction d'usages dénués de précédents.

Cette proposition a de quoi surprendre, dans la bouche d'un homme qui professe quelque respect pour l'art antique ; car elle ne tend à rien moins qu'à proscrire tous les efforts tentés pendant ces derniers temps, pour ramener dans le culte extérieur des formes et des usages chers à nos ancêtres, mais tombés en désuétude depuis deux siècles au moins.

L'adoption des formes du moyen âge dans les ornements sacerdotaux et dans une partie du mobilier sacré ; ces peintures murales restaurées ou entreprises dans nos églises, sont des *innovations tout aussi réelles que l'introduction d'usages entièrement dénués de précédents.*

Le retour même à la liturgie romaine, dans un diocèse qui ne la connaissait plus depuis deux cents ans, est une *innovation* très-réelle aussi. On répondra que la prescription n'a pu s'établir à cause des protestations réitérées du Saint-Siége ; mais, toute proportion gardée, ne peut-on pas dire que nos anciens livres de chœur, avec leurs ligatures et leurs brèves, parfaitement correspondantes aux formules neumatiques, sont toujours demeurés en France comme une protestation permanente contre le système de notation de Nivers et de l'abbé Lebœuf?

C'est en vain qu'on répète à la France entière que les livres à notes égales sont l'expression vivante de la *tradition* en matière de chant liturgique. Il existe encore dans certains diocèses du Midi, qui n'ont jamais abandonné le romain, une tradition très-vivante et très-contraire à celle qu'on nous oppose. Beaucoup de paroisses du diocèse d'Avignon gardent pour leur usage les anciens livres de lutrin, imprimés en rouge et noir, soit chez Valfray de Lyon en 1716, soit chez d'autres éditeurs plus anciens, avec ligatures et notes brèves, comme dans ce passage :

On ne les interprète point à notes égales, et si la véritable manière de les lire n'a pas toute la pureté désirable, il est certain cependant qu'elle se rapproche beaucoup plus de la forme Grégorienne rétablie par le P. Lambillotte, que du mode d'exécution recommandé par ses adversaires.

L'innovation, ou plutôt la rénovation, n'est donc pas aussi radicale qu'on le prétend ; et le fût-elle, cela ne prouverait rien contre son opportunité, à moins qu'une difficulté extrême d'exécution n'en rendît la pratique impossible. On sait parfaitement qu'il n'en est rien, et que tout chantre connaissant tant soit peu la note, comme on dit, chante à première vue les nouvelles mélodies après une courte explication sur la valeur des signes.

III.

Le P. Lambillotte a porté le dilettantisme de collége dans le chant Grégorien. — Emploi de la notation moderne.

On nous permettra de ne voir dans ce mot, qu'un retour involontaire de son auteur vers une antipathie toute artistique qu'il n'a jamais dissimulée pour certaines compositions musicales du P. Lambillotte (1). Personne n'y verra un argument sérieux. Rien ne sent le *dilettantisme* ni le *collége* dans les travaux immenses du P. Lambillotte sur les archives Grégoriennes de l'Europe. Le *dilettantisme* n'entre pour rien dans la rédaction sévère de ses livres liturgiques. Serait-il par hasard dans l'adoption des signes modernes concurremment avec la notation carrée ? — Pas davantage.

L'honorable auteur de l'objection que je réfute me permettra de repousser énergiquement une comparaison qu'il allègue contre l'emploi de ces signes pour la traduction du plain-chant :

« Que dirait-on d'un ecclésiastique ou d'un religieux qui prétendrait qu'on doit dans la liturgie de
» l'Église, substituer la langue vulgaire au latin, sous prétexte qu'on peut exprimer le même sens dans un
» idiome différent accessible à toutes les intelligences ?...... Toute proportion gardée entre des choses d'iné-
» gale importance, la question est la même. »

J'en demande pardon au critique, la question n'est pas la même : il s'en faut du tout au tout.

A un ecclésiastique qui substituerait la langue française au latin dans le chant de l'Église, on répondrait comme à l'abbé Châtel par la suspense et l'excommunication ; et déjà plusieurs Évêques répondent à l'innovation du P. Lambillotte en adoptant ses livres. Voilà, si je ne me trompe, deux Paroissiens en notation moderne, approuvés depuis trois ans par l'archevêché de Paris. Enfin, son Éminence le cardinal Morlot, n'a pas refusé l'*imprimatur* canonique à notre édition sous les deux formes que nous lui avons données. De même, lorsque Gui d'Arrezzo alla porter au pape Jean XIX son *Antiphonaire* noté d'après un nouveau système, le pape, au lieu de l'excommunier, le combla d'éloges et de bénédictions, quoique la notation qu'il s'agissait de modifier eût déjà quatre siècles de possession.

Je n'insisterai pas davantage sur une disparité si évidente. Le P. Lambillotte comparait très-justement les livres en notes carrées et ceux en notation moderne, à deux manuscrits dont l'un serait écrit en gothique et l'autre en anglaise. La lecture du premier serait très-difficile pour quelques-uns, la lecture du second, très-facile pour tout le monde ; mais en les entendant déchiffrer à la fois, un auditeur percevrait exactement les mêmes sons, les mêmes syllabes, le même sens.

---

(1) Il y a des opinions qui deviennent une mode. Le P. Lambillotte est personnifié pour beaucoup de gens dans l'*O gloriosa* de Notre-Dame-des-Victoires, chanté à grande vitesse, et dans quelques cantiques dont je ne défends point le style, quoiqu'il s'en rencontre parmi ceux du même auteur de quoi faire plusieurs bonnes réputations.

Que de fois il m'est arrivé de faire exécuter par des jeunes gens de *collége* quelques choranx pleins d'onction et de grandeur. Des artistes après les avoir sincèrement admirés, me demandaient qui avait fait cela : — Le P. Lambillotte. — Pas possible. — Rien n'est plus vrai. — Je ne l'aurais jamais cru.

IV.

Vous avez contre vous plusieurs définitions anciennes du plain-chant, lesquelles lui attribuent des notes toutes égales. — Elles expriment l'enseignement traditionnel.

Pour quiconque aura lu attentivement ce Mémoire la difficulté tirée de ces définitions sera singulièrement simplifiée. Je n'ajouterai plus qu'un mot à leur sujet.

1° Il n'en est aucune qui soit antérieure à Francon de Cologne (XII° siècle). Nous avons contre l'égalité totale des notes, des faits et des textes bien autrement anciens et significatifs.

2° Il faut rayer du nombre de celles qui paraissent opposées au P. Lambillotte :

Les passages où il n'est fait mention que d'un *mouvement uniforme*, par conséquent la règle infaillible d'Élie de Salomon (1), en supposant que cet auteur ait quelque autorité et que son texte soit bien intact ; la prétendue définition de saint Bernard (2), qui ne se trouve en aucun lieu de ses écrits.

Ceux où n'est mentionnée que l'égalité de durée *des signes* de notation. — En effet, si on les applique dans toute leur rigueur, ils deviennent évidemment faux, puisqu'ils excluraient même toute brève placée sur une pénultième, et contrediraient manifestement la notation et la pratique du XVI° siècle auquel on les emprunte. Leur sens devient facilement conciliable avec la vérité, si l'on observe que la ligature brève, quoique formée de deux sons, n'est après tout qu'une seule note, et que les auteurs, en définissant la *clivis*, la *podatus*, la *cephalicus*, la *plique*, ne leur donnent pas un autre nom : *Notæ vel notulæ appellantur* (Joan. de Muris. Gerb. III. 201).

Il n'est pas supposable non plus que ces définitions excluent les variations de position, car il faudrait supposer abolie la règle prescrite par Gui d'Arezzo de prolonger la pénultième et la dernière note à la fin des phrases mélodiques : variation que les notes n'indiquent pas. On trouve en effet de longues phrases musicales terminées de cette manière :

Or il était impossible que l'exécution répondît exactement à la notation en de semblables passages ; mais comme le remarque Adam de Fulde, les formes des signes ne souffrent aucun changement. « Figuræ nec augmentum, nec decrementum patiuntur (3). C'est en ce sens qu'on peut expliquer les expressions *incerti valoris* appliquées par Tinctoris aux signes du plain-chant à cause des modifications que leur valeur recevait des circonstances.

Je me borne à noter ici quelques principes de solution, parce que cette matière voudrait un développement particulier qui ne peut trouver place dans cet appendice, mais surtout parce que les textes dont il s'agit n'ont ni en clarté, ni en autorité de quoi contrebalancer les faits et les textes allégués dans le cours de ce travail.

---

(1) « Regula infallibilis : Omnis cantus planus in aliqua parte sui nullam festinationem in uno loco patitur plus quam in alio, *quod est de natura sui* ; ideo dicitur cantus planus, quia planissime appetit cantari. » (Gerb. III, 21.) La correction *quod* au lieu de *quam* que porte le texte de Gerbert, est très-contestable. On pourrait tout aussi bien corriger : *nullam festinationem patitur.... quam quæ est de natura sui* ; c'est-à-dire : le plain-chant n'admet aucune autre accélération *que celles qui rentrent dans sa nature*, sens d'autant plus probable, que Le Clerc de Saint-Astère s'élève contre des chantres à fantaisies dont les *anticipations*, le *accélérations* mal placées et les *retards* défiguraient le chant sacré.

(2) « Musica plana est notularum sub *una et æquali mensura simplex et uniformis pronunciatio*. »

(3) Gerb. *Script.* III, 333.

V.

UN DERNIER MOT SUR LA POLÉMIQUE SOULEVÉE PAR DOM SCHUBIGER.

A l'article inséré dans l'*Ami de la Religion* du 12 mars 1857, Dom Schubiger vient d'opposer une réponse, dont je dois dire un mot en finissant.

Il y annonce sa résolution de mettre fin au débat : résolution que je partage bien volontiers.

Il me reproche toutefois de m'être attaché dans ma réponse au seul argument tiré du LAUS TIBI CHRISTE. J'y avais donné il est vrai une attention particulière, parce que c'était là, d'après l'auteur, l'argument *qui ne souffrait aucune réplique*. Il cherche aujourd'hui à le maintenir, et franchement je crois qu'il se trompe.

Je n'ai cité, selon lui, que des usages du XIII° siècle pour prouver que le *Laus tibi Christe* remplaçait l'*Alleluia*, au jour des Saints-Innocents, dès un temps beaucoup plus reculé. Je m'étais borné là, parce qu'il me semblait assez évident que l'existence d'une séquence de Saint-Notker ne suffirait jamais à expliquer ni l'usage des Dominicains, ni l'emploi dans un si grand nombre de Missels, ne contenant aucune séquence de la formule : *loco* Alleluia, *dicitur* laus tibi Christe, formule que j'ai retrouvée depuis dans plusieurs Missels français, entre autres dans un Missel de Chartres (1505)(1), et dans un Missel de Fontevrault (1606) à la bibliothèque Sainte-Geneviève de Paris. Il me paraissait encore évident que cette prose *unique* indiquée dans le manuscrit de Saint-Gall pour une fête secondaire, lorsque les grandes solennités n'en contiennent aucune, était une invraisemblance palpable. Cette invraisemblance demeure encore aussi manifeste que jamais après les explications de Dom Schubiger.

Quant à la mélodie, analogue dans le premier vers de la séquence et dans le *Laus tibi Christe* du manuscrit de Saint-Gall, elle prouverait tout au plus que saint Notker a choisi, comme il était convenable, pour le début de son morceau le chant de l'*Alleluia* indiqué dans ce manuscrit ; je ne conçois pas qu'on en puisse inférer autre chose.

Je me contente de ces quelques mots, ne voulant pas renouveler un débat plus pénible qu'utile, je mentionnerai seulement en terminant, le paragraphe final de la *Réponse* de Dom Schubiger, dans lequel il retire avec une droiture bien louable et bien rare ses critiques sur quelques morceaux cités dans l'*Esthétique*, et me dispense par conséquent de les discuter.

« En terminant, dit-il, je reconnais volontiers que je me suis trompé sur le but du dernier ouvrage du
» P. Lambillotte, l'*Esthétique*. N'y voyant pas la reproduction de plusieurs morceaux liturgiques faite avec
» une exactitude diplomatique, j'avais signalé ce fait en le blâmant ; mais le *but pratique* de l'ouvrage en
» question change le point de vue de l'appréciation. Dès qu'il ne s'agit pas d'une *restauration archéologique*,
» je retire mes observations sur ce point comme manquant d'objet, tout en réservant mon opinion sur la
» valeur intrinsèque de l'ouvrage. »

---

(1) Chose frappante! après cette formule dans le *Missel* de Chartres, est indiquée pour le dimanche une séquence commençant par ces mots *Celsa pueri concrepent melodia*.

Dom Schubiger, qui fait maintenant une étude sur les *Monumenta veteris liturgiæ alemanicæ* de Gerbert, va bientôt y rencontrer à la page 367, le *Laus tibi Christe*, dans le *Graduel* de Rheinau, du VIII° siècle, sans nulle mention de séquence. Quoique imprimé en un caractère plus fin, comme une intercalation postérieure, ce passage n'en a pas moins une valeur très-grave contre la supposition de notre adversaire.

PASSAGE DE VOSSIUS SUR LE RHYTHME DU LANGAGE.

(Voyez ci-dessus, p. 8.)

Longe tamen est dispar ratio numerorum in soluta oratione ac sit in poematum cantu. Quamvis enim sine viribus ac prorsus elumbis ea sit habenda oratio quæ numeris careat, omninoque verum sit id quod Diomedes Grammaticus scribit, solos esse stultos qui putant liberam a vinculis pedum prosam esse debere ; tamen licet ii adsint, non tam vehementer afficiunt quam musici, cum sit continua loquentium vox, numerique in oratione quodammodo lateant, vixque alibi quam in initio, et periodorum percipi possint clausulis. At vero in cantu carminum cum brevioribus membris et spatiis vox fluat divisa, et singuli pedes aliquo separentur intervallo, ita ut quilibet pes seorsim intelligi, et totam vim suam distincte possit exerere ; fieri aliter nequit, quin si numerus oratorius in movendis affectibus magnam habeat potestatem, multum etiamnum majorem habeant numeri poetici, cum non in principio tantum et fine sermonis, sed passim et ubique toto personent carmine. Quod si veteres musici vel solo numero ausi sint provocare oratores, quid non illos potuisse credamus, si cantus accideret verborum, et rhythmi viribus ex æquo sociata sententiarum decurrerent pondera? Sed cum rhythmo tantam veteres adscripserint potentiam, ut linguæ et sermonis beneficia pene superflua esse existimarint, non ut opinor intempestivi videbimur, si argumentum persequamur, eaque porro explicemus quæ ad cognoscendam rhythmi naturam atque efficaciam præcipue pertinere videbuntur (Vossius, *De poemat. cant. et vir. rhythm.*, edit. Oxonii, p. 60).

FIN.

SOMMAIRE.

Introduction. — État de la question.

CHAPITRE PREMIER.
SUBSTANCE DES MÉLODIES GRÉGORIENNES.

Grief tiré des abréviations mélodiques, opérées par le P. Lambillotte. — Impressions qu'elles produisent sur M. l'abbé Cloet. — Son jugement sur la science du P. Lambillotte paraît mal justifier une critique si sévère. 1
Dans ses abréviations, le P. Lambillotte n'a péché ni contre le bon goût — ni contre le titre de son Graduel — ni contre l'esprit de l'Église. 2
Exemples tirés de divers monuments liturgiques. 3
Manière dont M. Cloet comprend et expose ce qu'il appelle la symétrie et l'unité dans une mélodie liturgique. 5
Cette manière de voir est erronée pour plusieurs raisons. 6
Différentes considérations en faveur du P. Lambillotte. 8
Argument tiré de la modification des anciens textes liturgiques par la réforme de saint Pie V. 10
Les admirateurs des longs neumes n'ont pas agi conséquemment à leurs principes. 13
Conclusion. — L'argumentation de M. Cloet est gravement entachée d'exagération. 14

CHAPITRE SECOND.
FORME GRÉGORIENNE.

Le P. Lambillotte comparé au centaure Nessus. — Invraisemblance de cette comparaison. 15
Plan de ce chapitre. 16
Article 1er. — *Quantité, rhythme, accentuation.* Ibid.
M. Cloet nous oblige à revenir sur des notions grammaticales. 17
Définitions — prosodie — pied — rhythme — chants *coulants* ou *confus* — rhythme oratoire. Ibid.
Méprise de M. Cloet qui suppose une Oraison mise en mesure par le P. Lambillotte. 18
Rhythme égal — rhythme double — accent tonique — rhythme fondé sur l'accentuation. 19 et 20
Jusqu'à quel point la mélodie peut déranger l'accentuation. 20
Le P. Lambillotte a eu raison de renfermer dans un même temps la note accentuée et la brève qui la suit. 21

M. Cloet ne peut tirer aucun argument contre ce procédé, ni des manuscrits, ni des règles du langage. — Opinions des grammairiens. 22 et suiv.
Pour prouver que le P. Lambillotte n'a rien compris à la doctrine des enclitiques, M. Cloet cite comme tels un grand nombre de mots, dont pas un seul n'est enclitique. 27
Autres citations malheureuses à ce sujet. Ibid.
Contre les procédés du P. Lambillotte, en fait de psalmodie, le même auteur cite douze exemples, dont neuf n'appartiennent point à la question sur les trois autres qui ne prouvent rien, le même est répété deux fois. 28
Article II. *De la mesure dans les chants prosaïques. — Traduction des neumes à ce point de vue.* 29
§ I. — La doctrine du *rhythme vague et insaisissable* n'a pour elle que des affirmations et point de preuves. Ib.
Trois propositions sur lesquelles on voudrait l'étayer. 30
La première est fausse dans sa généralité. — Particularités sur la déclamation tragique chez les Grecs. 30
La seconde repose sur un équivoque. 32
La troisième n'est pas exacte. Ib.
Ce que le P. Lambillotte entend par *mesure* dans les chants prosaïques. 33
L'argument tiré de la psalmodie, en faveur du rhythme vague, n'a rien de solide. 35
Les didacticiens appelés par M. Cloet pour défendre la même thèse, la démentent avec éclat. Ib. et suiv.
§ II. — La traduction des neumes bien comprise est antipathique au rhythme vague. 38
M. Cloet emprunte une comparaison à la dynamique. — Les mathématiques le servent mal. 39
Propositions ou théorèmes sur la traduction des neumes au point de vue de la mesure.
Théorème 1er. — Il n'est pas exact d'affirmer après Élie de Salomon, que les diverses figures données aux notes dans les livres de chant des XIIIe, XIVe et XVe siècles (notation carrée) ne sont telles que pour la beauté calligraphique du manuscrit, et n'indiquent aucune modification dans la mesure des sons. 41
Théorème II. — Le signe neumatique (Virga et Punctum) que les anciennes traductions en notes carrées ont rendu par la note brève ou commune, peut être considéré comme l'unité de temps, toujours sensiblement égale à elle-même dans le cours des phrases mélodiques. 42

THÉORÈME III. — La note de passage, ou port de voix, jointe à la note commune, dans le *cephalicus*, ou plique descendante, et dans *l'epiphonus*, ou plique ascendante, forme avec elle une formule renfermée dans l'espace d'un temps. 43

THÉORÈME IV. — La clivis brève par nature ou par position est légitimement représentée par deux brèves et renfermée dans l'espace d'un temps. 45

Application de ces théorèmes au *Podatus minor*. 48

Résumé de ce qui précède. 48

Un mot sur les *ornements*. — On les abandonne tous à M. Cloet pour plusieurs raisons graves. 49

Les expériences — Comment on les fait souvent — Anecdote véridique à ce sujet. *Ibid.*

§ III. *De la mesure dans les Hymnes.*

Deux reproches adressés à l'Hymnaire du P. Lambillotte. Examen de l'un et de l'autre. 50 *et suiv.*

La réfutation de M. Cloet nous est fournie par lui-même. — Les manuscrits n'ont rien de concluant contre le P. Lambillotte. 53

La tradition orale est pour lui — Les théoriciens le justifient. *Ibid.*

Note additionnelle sur les Hymnes. 54

APPENDICE.

QUELQUES OBJECTIONS DÉTACHÉES.

I. — On s'est trop hâté de publier les livres liturgiques du P. Lambillotte. — La science n'a pas dit son dernier mot. 57

II. — Le retour à des usages interrompus et oubliés est une innovation tout aussi réelle que l'introduction d'usages dénués de précédents. 58

III. — Le P. Lambillotte a porté le *dilettantisme* de collége dans le chant Grégorien — Emploi de la notation moderne. 59

IV. — Vous avez contre vous plusieurs définitions anciennes du Plain-chant, lesquelles lui attribuent des notes égales. — Elles expriment l'enseignement traditionnel. 60

Un dernier mot sur la polémique soulevée par Dom Schubiger. 61

Passage de Vossius sur le rhythme du langage. 62

FIN.

IMPRIMERIE D'ADRIEN LE CLERE ET Cⁱᵉ, RUE CASSETTE, 29, PRÈS SAINT-SULPICE.